AF473610

UNIVERSITÉ DE FRANCE.

ACADÉMIE DE STRASBOURG.

ACTE PUBLIC

POUR LE

DOCTORAT,

PRÉSENTÉ

A LA FACULTÉ DE DROIT DE STRASBOURG

ET SOUTENU PUBLIQUEMENT

le Samedi 19 Août 1854, à midi,

PAR

PIERRE-HUBERT-AUGUSTE DUJARDIN,

de Heidolsheim (Bas-Rhin).

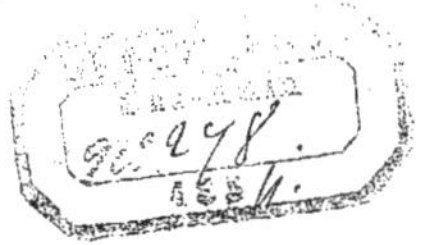

STRASBOURG,

DE L'IMPRIMERIE D'ÉDOUARD HUDER, RUE DES VEAUX, 27.

1854.

A LA MÉMOIRE

DE MON PÈRE

ET

DE MA MÈRE.

P. H. A. DUJARDIN.

A MONSIEUR KANENGIESER,

NOTAIRE A DORNACH (HAUT-RHIN), PRÉSIDENT DE LA CHAMBRE DES NOTAIRES DE L'ARRONDISSEMENT D'ALTKIRCH.

Témoignage de respect, d'affection et de reconnaissance.

P. H. A. DUJARDIN.

FACULTÉ DE DROIT DE STRASBOURG.

MM. Aubry ✻. . . . . . . doyen et prof. de Droit civil français.
Hepp ✻ . . . . professeur de Droit des gens.
Heimburger. . . . . professeur de Droit romain.
Thieriet ✻ . . . . . professeur de Droit commercial.
Schützenberger ✻ . professeur de Droit administratif.
Rau ✻. . . . . professeur de Droit civil français.
Eschbach . . . . . . professeur de Droit civil français.

Blœchel ✻ . . . . . professeur honoraire.

Destrais. . . . . . . professeur suppléant.
Michaux-Bellaire . professeur suppléant provisoire.
Beudant . . . . professeur suppléant provisoire.

Bécourt, officier de l'Université, secrétaire, agent compt.

MM. Aubry, président de la thèse.

Hepp,
Heimburger,
Destrais,
Beudant,
} examinateurs.

La Faculté n'entend approuver ni désapprouver les opinions particulières au candidat.

JUS ROMANUM.

DE MANU.

PROOEMIUM.

Cum civilia jura populi romani discimus, ante omnia miramur permagni ponderis in omnibus divinis atque humanis rebus familiam fuisse. Familiæ enim omnis reipublicæ fondamento et origini antiquorum temporum legislatores maximam sollicitudinem attulerunt, hac mente quidem ducti, inprimis bonos patres vel filiosfamilias quam cives facere voluerunt. Nec immerito : nam societas ex multis privatis gentibus consistit, et ubi gens privata bene constituitur ibi et civitati virtus non deest.

Apud Romanos civilis non naturalis familiæ constitutio, principium ejus non sanguinis vinculum sed potestas : in res et in personas familia deducitur. Sed jure proprio plures personas quæ sunt sub unius potestate significat, veluti liberos et deinceps cæteros per virilem sexum descendentes, nepotes ex filio natos et pronepotes, non capite minutos, uxorem quodam nuptiarum ritu ductam, liberos homines mancipio adquisitos, et servos denique. Pater autem familias appellatur qui in domo dominium habet[1], quamvis liberos non habeat et adhuc pupillus sit, nam jus quoque in familiaribus rebus ita demonstratur.

Solus in familia pater sui juris est, cæteri contra alieni juris, scilicet patri subjecti.

Nec e matrimonio, nec generatione familia procedit, sed e civili ratione, potestate quam civilia tantum jura corrumpere possunt. Pro subjecta autem materia potestatis verbo plura significantur : in persona liberorum patria potestas, in persona servi dominium, quod ad uxores quasdam attinet, manus, quod ad homines liberos per mancipationem nactos, mancipium.

Manus igitur nihil aliud est quam singularis generis potestas patrisfamilias in persona uxoris, nurus pronurusve, quodam modo nuptarum.

Videamus quando manus fit, quos producit effectus, quibusque modis solvitur.

§ 1. *Quibus modis manus fit.*

1. Jus proprium civium romanorum est manus. Nulli enim alii homines talem in mulieribus potestatem unquam habuerunt. Nec aliter consistere manum certum est nisi sint justæ nuptiæ. Nuptiæ autem id est conjunctio maris et feminæ individuam vitæ consuetudinem continens. Inter puberes tantum cives quibus connubium, scilicet uxoris ducendæ facultas, justæ dicuntur, si consentiunt omnes, qui coeunt, quorumque in potestate sunt.

2. E talibus quidem nuptiis patria potestas procedit[2], non manus autem, sed usu, farreo, coemptione.

3. Usu in manum convenit quæ anno continuo nupta perseverat. Nam sicut res se movens, annua possessione usucapitur, in familiam

1. Dig. L. 50. L. 195, § 2. De verb. sign.
2. L. 1. Dig. de ritu nuptiarum. Ulp. Reg. Tit. 5, § 3.

viri transit filiæque locum obtinet[1] : quod inter plebeios præsertim fit. Si qua nolit eo modo in manum mariti convenire, quotannis trinoctio abesse debet, ita cujusque anni usus interrumpitur, sicut lege duodecim Tabularum cautum est[2].

4. Confarreatio ex Etruria originem ducens solemnitas inter patres vim obtinebat[3], et multo magis in illis gentibus quæ sacerdotii honores inire volebant; nam sicut Gaii nostri primo commentario institutionum legitur, non aliter flamines majores, id est diales, martiales, quirinales, nec non reges sacrorum fiunt, nisi sint confarreatis nuptiis. Confarreatio genus sacrificii quoddam est in quo farreus panis adhibetur, præsentibus decem testibus. Compluria alia aguntur cum solemnibus quibusdam verbis, in tali sacrificio, quorum non extat memoria[4].

5. Coemptione in manum convenit mulier per mancipationem inter plebeios præsertim in usu quamdam imaginariam venditionem, quod jus proprium quoque civium romanorum est. Quomodo servorum, seu liberorum hominum mancipatio agitur, apud Gaïum legimus : «Adhibitis non minus quam quinque testibus civibus romanis puberibus et præterea alio ejusdem conditionis qui libram æneam teneat, qui appellatur libripens, is qui mancipio accipit, rem tenens ita dicit : Hunc ego hominem ex jure quiritium meum esse aio, isque mihi emptus est hoc ære æneaque librâ; deinde ære percutit libram, idque æs dat ei a quo mancipio accipit, quasi pretii loco[5]». Cum de mulieris coemptione agitur, adhibentur quinque testibus et libripendi et ipsa mulier isque cujus in manum convenit.

6. Non autem usu, farreo aut coemptione procedunt justæ nuptiæ quæ sine in manum conventione consistere possunt. Quare dicit præ-

1. Gaïus, Inst. I, 3.
2. Gaïus, Inst. I, 112.
3. Taciti, ann. 4, 16.
4. Gaïus, ibid. 113. Ulp. Reg. t. IX.
5. Gaïus; I, 119.

clarus et peritissimus vir Cicero, in Topicis : «Genus est enim uxor, ejus duæ formæ. Una matrum familiarum; hæ uxores quæ in manum convenerunt : altera earum quæ tantummodo uxores habentur.»

§ 2. *Effectus.*

7. Per in manum conventionem uxor in familia viri aut patrisfamilias ejus, cum alieni juris est, computatur. Filiæ loco incipit esse eamque jus filiæ nancisci placuit etiam si fiduciæ causa cum viro suo fecerit coemptionem aut qualibet ex causa in manu viri sit[1]. Si autem ad sacra tantum in manu est, quod ad cætera pertinet perinde habetur atque si in manum non convenisset.

Si filia viro soror liberis, eisque agnationis vinculo jungitur : e contrario in paterna familia agnationis jura perdit, e patria potestate liberatur ita ut per in manum conventionem capite minuatur.

8. Manui, id est, quodam modo potestati mariti aut patrisfamilias cujus et ipse filius est neposve, subjicitur, fere omnino ac si filia, nam furtum uxoris in manum conventæ fieri potest[2]; antiquitus etiam vir eam mancipio aut noxali causa dare poterat, sed jus istud paulatim e moribus recessit.

9. Injuriam pati videtur quis per uxorem quam in manu habet aut per nurum quæ in manu filii, magis autem prævaluit etiam sine in manum conventione injuriarum agere posse maritum[3].

10. Cum uxorem in manum vir recipit, fit equidem per universitatem specialis generis successio quæ, neque lege duodecim Tabularum, neque Prætoris edicto, sed eo jure quod consensu receptum, introducta est. Per istam successionem res corporales et incorporales quæque uxori debitæ sunt coemptionatori acquiruntur, exceptis usu-

1. Gaïus, I, 115, 137.
2. Gaïus, III, 197.
3. Gaïus, Inst. III, 221.

fructu et operarum obligatione libertorum et alia si talia sunt quæ per capitis deminutionem pereunt[1].

Inde constat uxores in manu nihil suum habere, et per consequentias eis nec in jure cedi posse, nec ipsæ in jure vindicare debent[2].

Si heres instituta sit uxor in manu, legatumve ei sit et hereditatem jussu viri adierit, marito adquirit et legatum ad eum pertinet[3].

11. Cum per coemptionem aut in manum conventionem capite minuatur, si ex contractu cuidam obligata est mulier, desinit jure civili debere nec directo intendere jure licet dare eam oportere, neque vir coemptionator tenetur. Sed introducta est contra eam utilis seu fictitia actio, rescissa capitis deminutione, id est in qua fingitur capite deminutam non esse. Et in omni causa similis est quidem utilis actio contra eas personas quæ in manu sunt, cum ex contractu earum agitur. Si adversus hanc actionem non in solidum defenditur mulier, quæ bona ejus fuissent si alieno juri se non subjecisset, vendere creditoribus prætor permittit.

12. Acquiritur viro per uxorem manui ejus subjectam, sive ea quid mancipio accipiat aut ex traditione nanciscatur, sive quid stipuletur, vel ex alia qualibet causa adquirat; quæ etenim in manum conventa est nihil suum habere potest sicut jam supra diximus[4]. Sed stipulando, imo et adstipulando, agit aliquid uxor in manu. Adstipulando autem viro non adquirit, quamvis ex omnibus cæteris causis stipulando ei adquirat : ac ne ipsi quidem aliter actio competit quam si sine capitis deminutione exierit de manu, veluti morte viri. Adstipulatione etenim jus singulare quoddam observatur, ipsi adstipulatori solum, non heredi nec cuilibet alii tribuitur actio[5].

13. Per eas personas quæ in manu sunt, proprietas acquiritur ex

1. Gaïus, Inst. III, 83.
2. Gaïus, II, 96.
3. Ulp. Reg. XIX, 19.
4. Idem, III, 87. Ulp. Reg. t. 19, § 18.
5. Gaïus, III, 114.

omnibus causis, sed quæri potest an possessio adquiratur, cum uxorem vir ipsam non possideat plane simili modo quam servum aut liberos in potestate. Per hos sine dubio possessio adquiritur : cujuscunque enim rei possessionem adepti fuerint id paterfamilias possidere videtur, unde usucapio vel longi temporis præscriptio accidit[1]. Factum autem possessionis apud servum sufficit non animus possidendi qui apud dominum constare debet. Quod Paulus accurate protulit : «Animo nostro, corpore etiam alieno possidemus[2].» Aut sicut Papinianus scripsit : «Scientiam domini esse necessariam sed corpore servi quæri possessionem. Quæ de servo eadem de filio in potestate parentis dicenda : sed earum rerum quas alterutrique peculiariter tenent, possessio etiam ignorantibus adquiritur quia voluntate dominorum aut parentum intelliguntur possidere qui eis peculium habere permiserunt. Quod jus singulare utilitatis causa receptum, ne cogerentur patresfamilias per momenta species et causas peculiorum inquirere. Hæc ad peculium autem castrense filiorum non pertinent nec ad alia si qua similia[3].

Imo etiam possessio, quæ non e civili sed naturali jure procedit, per extraneam personam veluti per procuratorem volentibus possidere adquiritur; quod jus tam ratione utilitatis quam jurisprudentia receptum est, cum alioquin per liberas personas quæ in potestate non sunt nihil adquiri potest[4]. Eadem igitur juris ratio suadet per in manum conventam uxorem a fortiori adipisci possessionem et ex ea dominium aut proprietatem.

14. Uxor in manum viri conventa, sua heres ei est quia filiæ locum habet. Item dicendum de nuru quæ in filii manu est, nam et hæc neptis loco est; sed ita demum erit sua heres si filius cujus in manu

1. Inst. Just. L. II, t. IX, § 3.
2. Dig. L. 41, t. 2, L. 3, § 12. Dig. ibidem, t. 2, 44, § 1.
3. Dig. Lib. 41, 2, I, § 5, et l. 44, § 1.
4. Paul. Sent. 5, 2, § 2, C. VII, 32, 1. Dig. 41, 1, 53.

erit, cum pater moritur, in potestate ejus non sit, si autem in potestate manserit, ipse suus heres non uxor quam præcedit. Idem juris de ea quæ in nepotis manu matrimonii causa sit, quia proneptis loco est[1].

15. Quod agnationis jus uxori in manum viri conventæ tribuitur, consequens est dicere, omnia intestatarum jura hereditatum ad eam pertinere sicut et bonorum possessiones quæ cognatione sola non procedunt. Nec patrono etenim jus ullum in hereditate liberti supererat si uxor in manu sua heres esset. Prætoris edicto postea hæc juris iniquitas emendata est ita ut, si intestatus moritur libertus, sua herede relicta uxore quæ in manu ipsius erat, vel nuru quæ in manu filii, detur patrono adversus heredem (velut et adversus adoptivum filium), partis dimidiæ hereditatis bonorum possessio[2].

16. Ex eo quod uxor in manu, filia viro, soror liberis, jura successionis ab intestato super viri liberorumque hereditate habere eam certum est, et vice versa.

In ceteris casibus nec inter matrem et filium filiamve ultro citroque hereditatis capiendæ jus competebat; qui etenim per feminini sexus personas necessitudine jungebantur, non admitti poterant nisi per eam bonorum possessionem quam Prætor proximis cognatis tribuere solebat[3]. Sed per in manum conventionem consanguinitatis jura inter eos nascebantur et per consequentiam in adgnatorum ordine admitti debuerunt.

Imo etiam ex lege duodecim Tabularum matris intestatæ hereditas ad liberos nullo modo pertinebat cum feminæ suos heredes non habeant. Postea autem hæc angusta juris regula emendata est senatus-consulto Tertulliano quod latum est Antonini pii tempore. Quo effectum est ut legitima hereditas matris ad filios pertineret exclusis consanguineis et reliquis adgnatis. Supra dicta ratione intestati

1. Gaïus, c. III, 3. Ulp. Reg. t. 21, 14.
2. Gaïus, III, 40 et 41.
3. Ibidem, 24.

filii hereditas matri non magis e lege duodecim Tabularum tribuebatur quam matris filio, sine in manum conventione. In primis divus Claudius matri ad solatium, omnibus liberis amissis, legitimam eorum detulit hereditatem. Deinde senatus-consulto Orphitiano, divi Marci temporibus factum, tristem liberorum successionem matri deferri jussum est, dum jus liberorum habuerit, ingenua trium, libertina quatuor. Si tamen ei filio neque suus heres erit, quive inter suos heredes ad bonorum possessionem vocatus, neque pater ad quem legitima hereditas pertinuerit neque frater consanguineus. Si soror consanguinea cum matre esset, ad utrasque pertinere hereditas jubebatur [1].

Prope fecerunt igitur senatus consulta quod antea sola uxoris in manum conventio. Quemadmodum posteriores principes et præcipue imperator Justinianus jus omne istud emendaverunt in hujusce principis institutis, latioribusque constitutionum libris legendum.

17. Erga maritum non sua solum vero etiam necessaria heres uxor in manum conventa habetur. Sed sui quidem heredes ita appellantur quia domestici heredes sunt et vivo patre familias quodammodo domini existimantur, uti in potestate morientis mortis tempore fuissent. Necessarii autem quia omnimodo, sive velint sive nolint tam ab intestato quam ex testamento heredes fiunt. Prætore permittitur quidem liberis sicut et uxoribus quæ in manu virorum sunt et filiarum loco, nuribusque in manu filiorum quæ neptum loco sunt, abstinere se ab hereditatibus ut potius parentum bona veneant [2].

Uxor in manu viri in omni causa heres ei existimatur; socero non æqualiter nec prosocero. Sed opus est ut maritus ejus vivo patre suo, morte interceptus desierit suus heres esse, aut maxima mediave capitis deminutione familia exierit. Tum enim sicut neptis in locum succedit. Plures putant non ejusdem juris, an aliter maritus a potestate liberatus fuerit veluti emancipatione aut in adoptionem datione, scili-

1. Ulp. Reg. t. 26, 7. Just. Inst. III, Lib. t. 3 et 4.
2. Gaïus, c. II, 158, 159.

cet quia matrimonium individua vitæ consortio, uxorem viri statum sequi convenienter visum est.

18. Quod uxor ante in manum conventionem fecit testamentum tutore auctore, capitis deminutione irritum fit.

19. Quid juris autem si cui post factum testamentum uxor in manum conveniat vel quæ in manu fuit nubat. Omnimodo rumpitur testamentum, mulier enim ita filiæ loco incipit esse et quasi sua est[1]. Nec in isto casu exheredandi jus est, non adhuc constante matrimonio, quia lege junia velleica de liberis postumis tantum provisum est.

20. Inde apparet uxorem in manu instituendam vel exheredandam esse.

Notissimi quidem juris est, ex suis heredibus, filio neque herede instituto neque nominatim exheredato non valere testamentum. Filiæ autem et deinceps reliquæ liberorum personæ si præteritæ sint, valet testamentum, sed scriptis heredibus adcrescunt, suis quidem in partem virilem, extraneis in partem dimidiam[2]. Ex eo quod uxor manui subjecta filiæ locum tenet, idem circa eam dicendum quam de cæteris feminini sexus liberis nobis videtur.

21. An uxor, suorum heredum in numero, sine causa, mariti, soceri aut prosoceri patrisfamilias testamento exheredata, inofficiosi querelam movere possit dubitamus. Tale jus ad naturales liberos tantum pertinere magis placet, cum cæteris personis civili vinculo junctis, velut adoptivis liberis, non tribuatur.

§ 3. *Quibus modis manus solvitur.*

22. Quibus modis manus constante matrimonio solvitur, non accurate dicere possumus, quia Gaii institutionum pagina in qua de his tractatum est fere omnino deest.

Scimus attamen liberum caput mancipatum cuidam vel a patre vel

1. Ibidem, 138. Ulp. Reg. 23, 2.
2. Ulp. Reg. t. 22, 14 et seq.

a coemptionatore manumitti posse[1], et cum uxor in manum conventa, filiæ loco sit, ex hoc infertur simili modo quam filiæ in potestate, id est per imaginarias venditiones et intercedentes manumissiones uxoris emancipationem celebrari[2].

Non magis quam filia patrem uxor virum ad emancipandam eam cogere potest. Hæc autem, repudio misso, proinde maritum compellit atque si ei nunquam nupta fuisset[3].

Sed, aliis quidem modis quibus nuptiæ manus solvitur id est, non solum divortio seu repudio cujus proxime locuti sumus, sed etiam morte viri feminæve, amissione libertatis quoquo modo fiat, captivitate apud hostes, nisi redierit captivus, tunc postliminii jure fruitur, et tandem si unicuique conjugum aqua et igni interdictum vel quis eorum in insulam deportatus sit.

§ 4. *De manus exitu.*

23. Jam Gaii temporibus manus adquisitio per usum partim legibus sublata erat, partim ipsa desuetudine oblitterata, sicut apud eumdem Gaium legimus[4]. Confarreatio nec non coemptio adhuc usitatæ erant, illa apud Flamines majores hæc præsertim tutelæ evidandæ causa, si qua vellet quos habebat tutores legitimos reponere ut alium nancisceretur, uti infra apparebit.

Sed Constantino magno imperatore confarreatio cum nova hominum conversatione desiniit esse ipsaque coemptio paulatim per desuetudinem abiit.

Ideoque in compendioso divi Justiniani corpore juris nullo modo de veteri uxoris in manum conventione quæstio movetur, filiæ enim quæ nubunt, in familia parentum manent, omnia in ea adgnationis jura servant et familiæ viri solo affinitatis vinculo junguntur.

1. Idem, t. XI, 5. Gaïus, I, 166.
2. Inst. Just. Lib. I, t. XII, § 6.
3. Gaïus, Inst. I, 137.
4. C. I, 112.

DE TUTELA FEMINARUM.

PROŒMIUM.

Sexus magnas differentias in publico jure sicut in singulorum rebus affert. In jure publico : feminas omnino excludi in antiquis recentioribusque temporibus sciunt omnes. Privata autem jura ad eas pertinent, sed non eadem quam masculorum. Patriæ potestati primum posteaque manui virorum subjecerunt eas antiquæ leges, quasi alterius dominio. Siquidem sui juris nascebantur fiebantve, perpetua in tutela manebant; si matresfamilias, nulla eis liberorum in persona potestas, ita ut familiarum et caput et finis erant, velut tam eleganter scripsit Ulpianus[1].

Generali ratione personæ quædam in tutela aut curatela sunt, propter ætatem impuberes et minores XXV annorum, propter fragilitatem sexus mulieres. Ex singularibus causis quoque curatores dari solent furioris, dementibus, prodigis, mutis et surdis, et uno verbo his qui superesse rebus suis non possunt[2]; in quibusdam casibus tandem curatores tutoris in locum dandi sunt.

Tutores constituuntur masculis impuberibus duntaxat, feminis autem tam impuberibus quam nubilibus et propter animi levitatem, et propter sexus infirmitatem, et propter forensium rerum ignorantiam ut aiunt prudentes[3]. Feminas vero perfectæ ætatis in tutela esse, fere nullam pretiosam rationem suasisse videtur Gaio; «nam quæ vulgo creditur, quia levitate animi, inquit, plerumque decipiuntur, et æquum

1. Dig. de verborum signif. L. 195, § 2.
2. Dig. L. XXVI, t. V, l. 12, pr.
3. Ulp. Reg. 11, § 1. Gaïus, Inst. I, 144. Tite-Live, 32, 2.

erat eas tutorum auctoritate regi, magis spetiosa videtur quam vera: mulieres enim, perfectæ ætatis ipsæ sibi negotia tractant [1].» Quod verum est. Non igitur dicendum hanc tutelam vim ac potestatem in capite libero esse, ad tuendum eam quæ propter fragilitatem sexus se defendere nequit: sed jure civili data ac permissa est multo magis, quia rei publicæ interesset mulierum bona apud familiam nec non adgnatos salva manere. Ita enim censerunt veteres.

Sui juris autem feminis tantum dari tutores possunt, nam si alienæ potestati subjectæ aut manui in mancipiove sunt, idoneum jam defensorem seu tuitorem habent quo plerumque in tali causa non opus est.

Dispiciamus nunc de variis feminarum tutelæ speciebus.

CAPUT I.

§ 1. *De testamentaria tutela.*

1. Permissum est parentibus liberis feminini sexus quos in potestate habent, etiamsi perfectæ ætatis sint testamento tutores dare, quod ex lege duodecim Tabularum procedit his verbis: Uti legassit super pecunia tutelave suæ rei, ita jus esto. Qui tutores dativi appellantur [2]. Imo et uxori in manum conventæ proinde ac si filiæ, item nurui quæ in filii manu est proinde ac nepti, tutor dari potest. Rectissime datus tali modo intelligitur, Titium filiæ meæ vel uxori do, aut ita, Titius tutor esto.

2. Testamento tutores dantur hi cum quibus testamenti factio, præter Latinus Junianus cui testamenti faciendi jus non deest, sed tutorem dari lege Junia prohibetur [3]. Testamento datos tutores et acci-

1. Gaïus, I, 189.
2. Ulp. Reg. t. XI, 14. Fragm. Vatic. Tit. IV, 229.
3. Ulp. cit. loc. 16.

pere debemus eos qui codicillis confirmatis scripti sunt[1]. Quem pupillis tutorem dare possunt eumdem et feminis, exempli gratia: servum cum libertate, imo et sine libertate namque tacite ita libertatem directam accepisse videtur; furiosum vel minorem viginti quinque annis; nec antea tamen quam compos mentis aut major viginti quinque annis factus tutor erit. Nec dubitatur ad certum tempus seu ex certo tempore vel ante heredis institutionem tutorem dari posse. Sed si cui testamento tutor sub conditione aut ex die certo datus sit, quamdiu dies aut conditio pendet, Attilianus vel ex lege Julia Titia tutor instituitur sicut infra dicemus. Idem juris erit quamdiu nemo ex testamento heres erit, etiamsi pure tutor detur; Attilianus autem desinit esse postea quam ex testamento erit tutor.

§ 2. *De legitima agnatorum tutela.*

3. Per eminentiam legitimi dicuntur tutores, qui propalam ex lege duodecim Tabularum introducuntur, quales sunt adgnati. Quos ad tutelam vocat lex si omnino quis testamentum non fecerit, vel is qui datus est tutor, vivo testatore decesserit, sive quantum ad tutelam pertinet, intestatus fuerit paterfamilias.

4. Non ad omnes autem adgnatos tutela pertinet sed ad eos tantummodo qui proximiores gradu sunt, vel ad omnes si plures ejusdem gradus invenerint.

5. Quod ad feminas attinet lex Claudia adgnatorum tutelam sustulit, posteaque talem habere tutorem non amplius potuerunt[2].

§ 3. *De legitima patronorum tutela.*

6. Non nominatim de hac tutela in lege duodecim Tabularum cavetur sed per consequentiam introducta est, quia jusserat legislator hereditates libertarum, si intestatæ decessissent, ad patronos liberosve eorum pertinere, censerunt veteres voluisse legem etiam tutelas

1. Dig. Lib. XXVI, II. 3 pr.
2. Gaïus Inst. I, 157.

eis competere, nec immerito: quia plerumque ubi successionis est emolumentum, ibi et tutelæ onus esse debet.

7. Eamdem tutelam adipiscuntur patroni liberi quam et pater eorum habuit. Nec in absentis patroni locum, liberorumve ejus etiam impuberum libertæ tutorem petere licet, præterquam ex quibusdam causis veluti ad hereditatem adeundam. Si mulier virgove quam nubere oportet in legitima pupilli tutela sit, permittitur quoque lege Julia de maritandis ordinibus, dotis dandæ, dicendæ promittendæve gratia, a Prætore urbano tutorem petere. Quam legem pari ratione illi quæ in legitima tutela furiosi est aut muti senatusconsultum transferri jussit[1]. E quibus apparet patroni filium etiamsi impubes sit, libertæ quidem tutorem esse, cum ipsi autem nihil permissum sit sine tutoris auctoritate agere, in nulla re auctor fieri potest.

In exceptis prædictis casibus salvam manere tutelam patrono, patronique filio manifestum est[2].

8. Lex Junia tutorem fieri jubet latinæ eum cujus etiam ante manumissionem ex jure quiritium fuit. Itaque, si ancilla quæ alterius ex jure quiritium, ab illo cujus in bonis manumissa sit, latina fieri potest et bona ejus ad secundum pertinent, tutela primo competit, quod ita lege Junia cavetur. Sin autem ab eo cujus solius in bonis et ex jure quiritium ancilla fuit, facta sit latina, eidem et bona et tutelam competere certum est[3].

§ 4. *De legitima parentum tutela.*

9. Exemplo patronorum tutelam quæ et ipsa legitima vocatur, nanciscuntur parentes. Quod evenit si quis filiam neptemve aut proneptem et deinceps emancipaverit, aut remancipatam sibi manumiserit.

His factis, legitimus eorum tutor erit[4].

1. Ulp. Reg. t. XI, 20 et 21.
2. Ulp. cit. loc. 20 et 21.
3. Gaïus, I, 175.
4. Ibidem, 175.

§ 5. *De fiduciaria tutela.*

10. Fiduciaria tutela competit ei qui liberum caput mancipatum vel a parente, vel a coemptionatore, manumisit. Quæ per similitudinem patronorum tutela quoque reperta est.

11. Coemptionem facere potest mulier non solum cum marito suo, id est matrimonii causa ut apud eum filiæ loco sit, verum etiam fiduciæ causa cum extraneo, veluti tutelæ evitandæ causa. Quod est tale. Si qua velit quem habet tutorem reponere, illo auctore coemptionem facit, ut alium nanciscatur. Deinde a coemptionatore ei cui ipsa velit remancipata et ab eo vindicta manumissa, tutorem habet manumissorem extraneum, qui tutor fiduciarius dicitur[1].

12. Antiquitus cum feminæ testamenti faciendi jus non aliter haberent, exceptis quibusdam personis, quam si coemptionem fecissent remancipatæque et manumissæ fuissent, etiam testamenti faciendi gratia fiebat coemptio. Sed in illo casu, coemptionis faciendæ necessitas ex oratione divi Hadriani senatusconsulto ablata est.

13. Liberi quoque parentis manumissoris, quive filiam neptemve emancipaverat, fiduciarii tutoris loco numerantur[2]; scilicet parente defuncto, tutelam nanciscuntur, dummodo perfectæ ætatis sint et virilis sexus, nam feminæ tutelam gerere non possunt[3].

§ 6. *De cessicia tutela.*

14. Legitimi tutores quales sunt agnati, patroni parentesque, alii feminarum tutelam in jure cedere possunt; qui cessicius tutor appellatur[4]. Pupillorum autem tutelam non est permissum cedere, non videtur enim onerosa cum tempore pubertatis finiatur.

1. Gaïus, Inst. I, 114, 115.
2. Ibidem, 175.
3. Dig. de leg. tut. fr. 4. Modestin.
4. Ulp. Reg. XI, 6, et XIX, 11.

15. Sive is, cui tutela in jure cessa est mortuus fuerit, sive capite minutus, sive alii ipse tutelam cesserit, revertitur ad eum tutela qui prior cessit, id est, ad legitimum. Sed et si legitimus decesserit aut capite minutus fuerit, a cessicio tutela discedit revertiturque ad eum qui secundum gradum in tutela habuerit post eum qui cesserat.

16. Quantum ad adgnatos pertinet, post divi Claudii tempora, cessicia tutela non procedebat, nempe quia adgnatorum tutelæ in feminis lege Claudia sublatæ sint.

17. Fiduciarios qui se ipsi oneri subjiciunt, cedendæ tutelæ jus non habere putaverunt quidam; quod in parente tamen qui mancipatione cum fiducia facta remancipatam sibi manumisit, non placet; nam legitimus tutor est, uti supra diximus, nec minus huic quam patrono honor præstandus [1].

§ 7. *De optivo tutore.*

18. Hæc species tutelæ in persona uxoris in manum conventæ tantum recepta est. Evenit etenim cum vir ei permittit quem velit ipsa sibi tutorem optare his verbis : Titiæ uxori meæ tutoris optionem do.

Jam antiquitus tutoris optio in usu erat sicut e narratione Titi Livii [2], anno DLVII urbis conditæ posita, inducere possumus.

19. Optio autem plena est aut angusta, quæ plurimum inter se differunt. Plena dari solet ut proximum et supra : tunc semel et bis et ter et sæpius tutorem optare potest uxor. Angusta ita dari solet : Titiæ uxori meæ tutoris optionem semel do aut duntaxat bis do. Et in illa causa amplius quam semel aut bis optandi facultatem non habet.

20. Hæc omnia similiter et Romæ et in provinciis observantur.

1. Gaïus, cit. loc. 150 et seq.
2. Tite-Live, 39, 19.

§ 8. *De Atiliano tutore et de eo qui lege Julia Titia dabatur.*

21. Quibus omnino tutor nullus sit feminis lex Atilia, ante anno DLVII lata[1], dari jubet in urbe Roma a prætore et majore parte tribunorum plebis, qui atiliani tutores appellantur. Lex Julia Titia, ex Cæsaris Octavii temporibus, circa annum DCCXXIII, in provinciis locum habet et jus tutoris dandi præsidibus earum tribuit, quibus alius tutor deest.

22. In plurimis singularibus autem causis hæ tutelæ quoque rationem inveniunt :

1° Si cui testamento tutor sub conditione aut ad conditionem, ex die certo aut ad certum tempus datus sit, quamdiu dies aut conditio pendet aut cum existit;

2° Si pure datus fuerit quamdiu nullus heres erit[2];

3° Ab hostibus tutore capto, donec reversus[3];

4° Cum legitimus tutor pupillus est mutus furiosusve, aut absens, ad hereditatem adeundam et ad dotem constituendam ex lege Julia de maritandis ordinibus et senatusconsulto[4];

5° Si tutor abest præterquam si patronus qui abest aut pupillus patroni filius, nisi ex duobus prædictis causis[5].

In omnibus illis causis Atiliani aut legis Juliæ Titiæ tutores esse desinunt posteaquam quis ex testamento tutor esse cœperit, aut is qui captus est, reversus fuerit, si dos constituta aut hereditas adita, sive tutor redierit;

6° Cum ancilla a femina manumissa est, patronæ enim tutelam gerere non possunt;

1. Ibidem.
2. Gaïus, Inst. I, 186.
3. Idid. 187.
4. Ulp. Reg. XI, 20 et 21.
5. Ibid. 22.

7° Si patronus in adoptionem se dederit sive decesserit, nec ullum virilis sexus inter liberos reliquerit [1].

22. Moribus etiam alius tutor a Prætore urbano dabatur cum legis actiones in usu erant, si inter tutorem et mulierem legis actione agendum erat, quia in re sua nemo auctor esse potest. Legis actionibus postea sublatis, hæc species dandi tutoris tantummodo in usu fuit si legitimo judicio inter tutorem mulieremve ageretur. Novus is tutor prætorianus appellatur, quo auctore, judicium peragitur [2].

CAPUT II.

De auctoritate tutorum.

23. In Ulpiani regularum singulari libro legimus :

«Pupillorum pupillarumque tutores et negotia gerunt et auctori-«tatem interponunt; mulierum autem tutores auctionem duntaxat «interponunt [3].»

Inde magnam differentiam duarum tutelarum cernere permittitur; nam mulieres perfectæ ætatis ipsæ sibi negotia tractant.

24. Si plures sunt tutores omnes in omni re auctores fieri debent præter testamentarii : nam ex his vel unius auctoritas sufficit.

25. Auctoritas autem feminis necessaria est in his rebus :

1° Si lege aut legitimo judicio agunt [4];

2° Ad alienationem rerum mancipi, ita ut mulieris quæ in legitima agnatorum tutela erat, prædictæ res usucapi non potuerint, præterquam si ab ipsa tutore auctore traditæ, quod lege duodecim Tabularum cautum erat. Quæ res autem mancipi sunt scripsit Ulpianus titulo XXIX, § 1, Regularum singularis libri;

1. Gaïus, I, 195.
2. Gaïus, I, 184. Ulp. cit. loc. 24.
3. Ulp. cit. loc. 25.
4. Ibid. 27.

3° Si libertæ suæ permittit femina in contubernio alieni servi morari[1];

4° Si se obliget.

Unde quidam putant mulierem quæ sine tutore auctore non debitum accepit, non teneri condictione nec magis quam mutui datione[2]. Alium autem sibi obligare sine tutoris auctoritate recte potest, meliorem enim conditionem suam facere illi omnino concessum;

5° Ad acceptum faciendum. Alioquin solvitur feminæ res nec mancipi sine tutore auctore nam rem istius generis valde a se dimittit etiam nesciente tutore, et debitor liberatur obligatione dummodo acceperit pecuniam femina, quia sicut diximus, per acceptilationem liberare quemdam sine auctione non potest[3].

Pecunia res mancipi non est, ideoque contrabitur obligatio quando mulier mutuam pecuniam alicui sine tutore auctore dedit, facit enim eam accipientis : de pupillis contra dicendum;

6° Ad manumittendum servum, nam mulier quæ in tutela est, sicut pupillus et pupilla non potest manumittere[4];

7° Si mulier testari vult, auctore tutore testamentum faceree debet, alioquin inutiliter jure civili testabitur[5].

26. Hic admonendum in plerisque causis dicis gratia tutorem interponere auctoritatem suam; sæpe etiam invitus auctor fieri a Prætore cogitur[6]. Inde vir facundissimus Cicero haud immerito dicere potuit : «Mulieres omnes, propter infirmitatem consilii, majores in tutorum potestate esse voluerunt, hi (jurisprudentes) invenerunt genera tutorum quæ potestate mulierum continerentur[7].» Patronorum tamen et parentum legitimas tutelas vim aliquam habuisse manifes-

1. Id. cit. loc.
2. Gaïus, III, 91.
3. Id. II, 85; III, 179.
4. Ulp. Reg. t. I, 17.
5. Ulp. Reg. XX, 15.
6. Gaïus, I, 191.
7. Pro Murena, XII.

tum est, cum hi tutores neque ad testamentum faciendum, neque ad obligationes suscipiendas cogantur, præterquam si magna causa alienandæ rei obligationisve interveniat. Quod ita constitutum, ne per testamentum excludantur ab hereditate neve alienatis pretiosioribus rebus, susceptoque ære alieno minus locupletem hereditatem nanciscantur[1].

27. Idcirco parens et patronus, sine auctoritate eorum facto testamento, omnino non summoventur. Aliud dicendum cum feminæ alterius generis tutores habent qui etiam inviti coguntur auctores fieri. Nam Prætor si septem signis testium signatum sit testamentum, scriptis heredibus secundum tabulas testamenti bonorum possessionem pollicetur. Idem juris est si alia ex causa testamentum jure civili non valeat, exempli gratia quod familia non venierit aut nuncupationis verba testatrix locuta non sit.

28. Quæri solet an contra tabulas testamenti bonorum possessio tantummodo detur si nemo sit ad quem ab intestato jure legitimo pertineat hereditas, veluti frater eodem patre natus aut patruus aut fratris filius, verum etiam si tales extent? Rescripto divi Antonini significatur scriptos heredes posse adversus eos qui ab intestato vindicant hereditatem defendere se per exceptionem doli mali[2].

29. Licebat olim liberto patronum suum in testamento præterire aut exheredare; hunc enim lex XII Tabularum ad hereditatem vocabat si intestatus mortuus esset libertus nec ullum suum heredem relinqueret. Jus illud antiquitus nullum quidem patrono damnum afferre poterat si de libertarum personis quæstio movetur, nam suos heredes nullos habebant neque eis testamenti faciendi sine tutore auctore facultas erat. Sed postea cum lex Papia Poppæa libertinas quatuor liberorum jure tutela patronorum liberaret et ideo sine auctione testari possent, pro numero liberorum virilem partem patrono relinquere debuerunt; imo et intestata liberta mortua, verba legis faciunt ut patrono virilis pars etiam debeatur[3].

1. Gaïus, I, 192. — 2. Id. II, 120, 121. — 3. Gaïus, III, 44, 47. Ulp. Reg. XXIX, 3.

CAPUT III.

Quibus modis tutela finitur.

30. Ex eo quod perpetua feminarum tutela est, si tutor decedit aut maximam aut mediam capitis deminutionem subit, aut apud hostes captivus est, tutor quidem desinit esse, tutela autem manet. Item dicendum si legitimi tutoris maxima capitis deminutione status mutatur, veluti si in adoptionem se dederit[1].

31. Qui ad certum tempus testamento dantur tutores, vel usque ad certam conditionem, finito tempore aut existente conditione, deponunt tutelam. Testamentario tutori tutelæ abdicandæ facultas est non autem in jure cedendi, cum legitimi tutores e contrario in jure alii cedere tutelam, sed non abdicare se possunt.

32. Omnino finitur tutela morte feminæ, ejus maxima, media imo et minima capitis deminutione, quæ fit per adrogationem aut in manum conventionem.

34. Finita tutela, cum tutore nulla tutelæ actio mulieri datur nec tutores rationes reddunt; nihil enim gesserunt[2], cum ipsæ sibi feminæ negotia tractent. Qua de causa, nihil in veterum juris consultorum libris nec de satisdatione, nec de excusatione tutorum quod ad feminas spectat legimus; neque tandem de suspecti crimine quæstio movetur.

CAPUT IV.

De exitu feminarum tutelæ.

35. Supra vidimus jam ante Ciceronis tempora feminarum tutelam multis in causis sine vi ulla fuisse cum inviti auctores fierent tu-

1. Id. XI, 9.
2. Gaïus, I, 190 et 191.

tores præterquam legitimi. Frequenter etiam a legitima parentis aut patroni tutela liberabatur mulier per coemptionem et intercedentes manumissiones, atque ita sub inani fiduciarii auctoritate cadebat. Quædam personæ omnino in tutela non erant, tales sunt virgines vestales quas veteres in honorem sacerdotii liberas esse voluerunt, sicut lege duodecim Tabularum cautum est[1].

36. Hæc antiquitati placuerunt. Postea autem lex Julia et Papia Poppæa, Augusti temporibus tutela cujuscunque generis erat, ingenuas trium liberorum libertinas quatuor liberavit[2], et deinceps senatus consulto, ex oratione divi Claudii, quod legem Claudiam vulgo appellamus, agnatorum tutela abolita est, ita ut patroni et parentum tutelæ solæ adhuc exstiterint.

Ulpiani temporibus, Septimo Severo imperatore, jus illud in usu manebat, sed paulo post per desuetudinem abiit, et Constantinus magnus feminis in omni negotio tale jus quale et mares habebant, tribuit[3].

1. Gaïus, id. 145.
2. Ibid. 194. Ulp. Reg. XXIX, 3.
3. C. II, t. 45, 2, § 1.

DROIT CIVIL FRANÇAIS.

De l'hypothèque légale des femmes mariées.

CHAPITRE Ier.

APERÇU HISTORIQUE.

Caractère et étendue de l'hypothèque légale.

Lorsqu'on étudie l'histoire des institutions civiles sur la matière qui fait l'objet de cette thèse, on rencontre habituellement deux faits parallèles qui sont d'une part la subordination de la femme à l'autorité du mari, parfois d'un tuteur, même après qu'elle est parvenue à sa majorité, de l'autre une protection toute spéciale, que la loi lui accorde, qui est exorbitante du droit commun, mais que l'on doit considérer comme une conséquence directe et logique du premier de ces faits.

On a vu dans la dissertation qui précède, la femme mariée avec les solennités de la confarréation, de la vente fictive appelée coemption ou avec la simple circonstance d'une possession annuelle, placée au rang d'une fille de son mari, transmettre à ce dernier tous ses biens, soumise à une puissance analogue sous plus d'un rapport à celle d'un père de famille sur ses enfants et descendants; on l'a vue sous la tutelle de ses ascendants, de ses agnats, de son patron, d'un tuteur testamentaire ou nommé par le magistrat, on a pu suivre enfin la modification successive de ces institutions des temps primitifs que la civilisation, les progrès de la philosophie stoïcienne et l'influence plus heureuse encore du christianisme, ont fini par faire disparaître complètement.

Ce qui a survécu de l'esprit de ces institutions, c'est la subordination de la femme et de ses biens à l'autorité maritale. Le principe une fois adopté, il a fallu y apporter un correctif capable de réparer les conséquences funestes d'une mauvaise administration de la part du mari. Ce correctif n'est autre que l'hypothèque légale. — Cette hypothèque existait déjà dans la législation de Justinien [1]. Mais, d'après les anciennes lois romaines *(antiquas leges)*, les femmes n'avaient qu'un privilége personnel pour être préférées pour leur dot, aux créanciers antérieurs de leurs maris. Si elles désiraient une hypothèque, elles étaient obligées de la stipuler. Justinien suppléa à cette insuffisance de la législation antérieure par la loi première au Code, *De rei uxoriæ actione*, en donnant une hypothèque tacite et à la femme, sur les biens de son mari pour la restitution de la dot, et au mari pour la garantie ou la tradition des valeurs dotales, non-seulement sur les biens de la femme, mais encore sur ceux des constituants, qu'il y eût eu pacte anténuptial ou non. Il ordonna même par la célèbre loi Assiduis [2], que la femme fût préférée à tous autres créanciers malgré l'antériorité de leur hypothèque sur les mêmes biens. Mais ce privilége n'existait que pour la dot et non pour l'augment fait en meubles, ni pour la donation «*propter nuptias*», ni pour les paraphernaux [3]. Limité au cas où la femme agissait elle-même *(cum ipsa mulier de dote sua experiatur cujus*

1. Inst. L. IV, t. VI, § 29, de actionibus.
2. C. 12, Pr. et § 1, qui potiores in pign.
3. Cujas, nov. 97. Voët, lib. 20, t. 4, n° 21. Loi finale, C. qui potiores.

solius providentia hoc induximus [1]), il ne passait pas à ses héritiers ou du moins à tous ses héritiers. Par la Novelle 91, Justinien l'a refusé expressément à tous ceux qui n'étaient pas enfants de la défunte (Præf. et Cap. 1), et encore, d'après Janus a Costa, ces derniers ne primaient-ils les créanciers que dans le cas où ceux-ci auraient eux-mêmes été devancés par l'hypothèque d'une seconde femme vivante. L'exception en faveur des enfants aurait d'après ce système été introduite en haine des secondes noces, qui, favorisées sous Auguste et les empereurs païens, ont au contraire été vues avec défaveur après que le christianisme fut devenue la religion dominante.

La loi Assiduis, qui accordait à la femme un privilége aussi injuste sur les créanciers antérieurs en date, ne fut guères suivie en France qu'au Parlement de Toulouse et avec certaines modifications. Encore les commentateurs du Droit romain ont-ils cherché à la restreindre dans ses effets au moyen des subtilités si communes dans leurs volumineux ouvrages. Par contre, la loi unique au Code *De rei uxoriæ actione* a été adoptée sans exception, en ce qui concerne l'hypothèque de la femme, par notre ancienne législation, et appliquée à celles qui sont mariées sous le régime de la communauté de même qu'aux femmes dotales, jusqu'à ce que l'art. 2121 du Code Napoléon soit venu en consacrer le principe [2].

Un des plus graves reproches que l'on ait pu faire à l'hypothèque en général et à l'hypothèque légale en particulier, telles qu'elles existaient dans la législation de Justinien et dans notre ancienne jurisprudence, c'est leur défaut de publicité et de spécialité.

La publicité a été le fondement de la législation des Grecs sur cette matière. Les hypothèques étaient annoncées chez eux par des signes apparents, placés sur les héritages : de petites colonnes chargées d'une inscription rappelaient les obligations contractées envers un premier

1. Inst. Just. Loc. cit.

2. Pand. de Pothier, t. 2, p. 72, n° 79, et t. 1er, p. 573, n° 29. Cujas, de jure dotium, au Code et Loi unique, C. de rei uxoriæ actione et uti plenius ; Voët, lib. 20, t. 2, n° 20.

créancier (voy. du jeune Anacharsis, chap. 59). Dans ce système, l'hypothèque était nécessairement publique et spéciale. Dans le droit primitif de Rome, elle avait d'abord les mêmes caractères ; mais l'on sait que plus tard un simple pacte put conférer une hypothèque *générale* et *occulte* dans la plus véritable acception de ces mots, bien que la stipulation d'un gage particulier ne fût pas hors d'usage.

Les défectuosités de cette législation pénétrèrent en France, sauf dans quelques provinces du Nord, dont les Coutumes, connues sous les noms de Coutumes de nantissement, d'ensaisinement de vest et de devest, consacrèrent le principe de la publicité des hypothèques. Partout ailleurs on appliqua le Droit romain, en l'exagérant; on alla jusqu'à attribuer à la simple obligation authentique l'effet d'une hypothèque générale sur les biens du débiteur indépendamment de toute convention à cet égard. Un système aussi nuisible au crédit public que funeste aux créanciers de bonne foi, devait éveiller l'attention des grands esprits des derniers siècles et faire naître l'idée d'une législation plus salutaire. Sully désirait (Mémoires, liv. 26) «qu'aucune «personne, de quelque qualité ou considération qu'elle pût être, n'eût «pu emprunter sans qu'il fut déclaré quelles dettes pouvaient avoir «l'emprunteur, à quelles personnes et sur quels biens.»

Colbert voulut exécuter ce projet; il fit rendre au mois de mars 1673 un édit qui établit la publicité des hypothèques, mais cet édit fut révoqué au mois d'avril 1674, presque aussitôt qu'il parut. Un autre édit du mois de juin 1771 réalisa un véritable progrès en obligeant les hypothèques occultes à se montrer au moyen de l'accomplissement de la formalité de la purge, et en remplaçant les formes longues et ruineuses du décret volontaire par la simple exposition publique des titres translatifs de propriété pendant un délai déterminé. Mais l'hypothèque, et surtout celle des femmes mariées, n'en restait pas moins générale et occulte. Voyons ce que le droit intermédiaire, créé par la Révolution de 1789, a fait sous ce rapport.

Une première loi, promulguée sous le titre passablement ambitieux de Code hypothécaire, fut décrétée par la Convention nationale le 9 messidor an III. Ce décret, par les innovations hardies qu'il essaya d'introduire, est un des monuments législatifs les plus curieux de l'époque révolutionnaire, et mérite comme tel d'être étudié. Il prohibe toute hypothèque occulte ou indéfinie (art. 3 et 16); il ne reconnaît d'autre hypothèque privilégiée que celle pour contributions et fermages ou loyers d'un fonds, et proscrit ainsi d'une manière formelle l'application des principes du Droit romain et notamment de la loi Assiduis (art. 24).

Sous le titre II du chapitre VII, le décret renferme des dispositions transitoires, dont la plus importante est celle qui accorde aux créanciers antérieurs à la loi un délai de faveur ayant dû expirer le 1er nivôse an IV, pour faire inscrire leurs créances et leur conserver le rang qu'elles obtenaient des lois anciennes. Quant aux hypothèques légales résultant au profit des femmes mariées, soit de leurs contrats de mariage, soit des lois générales de l'État, soit des coutumes et statuts locaux, soit enfin du droit écrit, elles durent être inscrites dans le délai que nous venons d'indiquer.

Le principe du décret, en substituant aux inconvénients du secret des hypothèques un régime de publicité, était fort bon en lui-même, mais les moyens d'exécution furent reconnus impraticables, c'est pourquoi des prorogations successivement accordées[1] en suspendirent la mise en vigueur, jusqu'à ce que la loi du 11 brumaire an VII (1er novembre 1798) vint le remplacer.

Cette loi a servi de transition entre le régime établi par le décret de messidor an III et les dispositions du Code Napoléon. Elle accorde aux femmes mariées, pour raison de leurs conventions et droits matrimoniaux, une hypothèque légale, générale de sa nature, mais seulement au moment de l'inscription sur le registre du conservateur, sur tous les biens appartenant au mari et situés dans l'arrondissement du

1. Lois des 26 frimaire, 19 ventôse, 19 prairial et 24 thermidor an IV, et 28 vendémiaire an V.

bureau, sans qu'il soit besoin d'aucune désignation des immeubles grevés (art. 4, 17, 21).

Une règle toute de faveur dispense l'hypothèque légale dont il s'agit du renouvellement décennal, et lui conserve son effet pendant tout le temps du mariage et une année après (art. 23). Une disposition transitoire non moins sage permet aux créanciers de conserver à son rang primitif l'hypothèque résultant à leur profit des lois antérieures, à charge de prendre inscription dans les trois mois, pour tout délai, de la publication de la loi nouvelle (art. 37 et 38).

Les rédacteurs du Code Napoléon ont puisé leurs idées pour l'organisation du régime hypothécaire, à une double source, et dans les principes du Droit romain, surtout en ce qui concerne les hypothèques légales, et dans les dispositions beaucoup plus heureuses de la loi de brumaire an VII. Disons, d'après cela, en peu de mots, afin de rentrer dans notre sujet, quels sont les effets et les caractères qu'ils ont attribués à l'hypothèque en général, et à l'hypothèque légale des femmes contre leurs maris en particulier.

L'hypothèque est un droit réel sur les immeubles affectés à l'acquittement d'une dette ou d'une obligation quelconque, soit en vertu de la loi, soit en vertu d'une convention. D'après cette définition, elle est ou légale, ou judiciaire, ou conventionnelle (art. 2116, C. Nap.). Son effet est de conférer à celui qui en est investi la préférence sur d'autres créanciers dans la distribution du prix des immeubles grevés, et de suivre ces immeubles dans quelques mains qu'ils passent.

L'hypothèque est une cause légitime de préférence (art. 2093 et 2094), mais elle ne prend d'efficacité que dans le cas où, se trouvant en concurrence avec divers créanciers du même débiteur sur le prix des biens vendus par ce dernier, une personne réclame le bénéfice que lui assigne son titre ou la loi.

Elle n'est que l'accessoire d'une obligation principale; si celle-ci n'existe pas, l'hypothèque est-elle même sans objet et ne peut subsister.

Elle forme un droit réel, *jus in re*. C'est ce qu'exprime l'art. 2114 du

Code Napoléon, principe important qui sert lui-même de base au droit de suite. Elle est de sa nature indivisible, et subsiste en entier sur tous les immeubles affectés sur chacun et sur chaque portion de ces immeubles pour tout ce qui est dû.

Les rédacteurs du Code ont attaché en outre à l'hypothèque les deux caractères si éminemment utiles de la publicité et de la spécialité; mais sous ce rapport ils ont admis, et notamment en faveur des femmes mariées, diverses exceptions presque aussi fréquentes que la règle elle-même.

En conséquence les femmes mariées ont pour sûreté de leurs dots, de leurs droits, créances, reprises, conventions matrimoniales, une hypothèque légale, générale de sa nature, sur tous les biens immeubles présents et à venir du mari; cette hypothèque existe indépendamment de toute inscription, et ne tient son rang de l'accomplissement d'aucune formalité, mais de la loi.

CHAPITRE II.

Quelles femmes ont hypothèque sur les biens de leurs maris.

Les seules femmes qui aient hypothèque légale sur les biens de leurs maris, sont celles dont le mariage a été légalement célébré.

Ce principe, malgré sa généralité, comporte cependant une exception qui résulte des art. 201 et 202 du Code Napoléon, en vertu desquels le mariage déclaré nul produit néanmoins des effets civils, tant à l'égard de l'époux de bonne foi, qu'à l'égard des enfants issus du mariage; toutes les fois donc qu'il y aura eu bonne foi de la part de la femme, il lui appartiendra une hypothèque légale dont ses héritiers profiteront de son chef.

Hors ce cas, le mariage déclaré nul, soit pour vice de forme, soit pour violation d'un empêchement dirimant, ne produit pas d'hypothèque légale; mais cette hypothèque a lieu lors même que le mariage a été célébré à l'étranger, soit entre deux Français, soit entre un

Français et une femme étrangère, celle-ci devant suivre la condition de son mari (art. 12).

Cette question ne peut offrir aucune difficulté, puisque l'art. 170 du Code Napoléon déclare valable le mariage célébré à l'étranger, si l'on a observé les formes usitées dans le pays, pourvu qu'il ait été précédé des publications prescrites par l'art. 63, et que le Français n'ait point contrevenu aux dispositions prohibitives contenues au chapitre 1er du titre du mariage.

Or, le fait du mariage est à lui seul la cause principale de l'hypothèque qui est la conséquence de la célébration (art. 2121). Le mariage célébré à l'étranger étant valable, aura aussi pour résultat l'hypothèque légale[1].

Une question fort controversée est celle de savoir s'il faut, pour que l'hypothèque légale puisse naître, que l'acte de mariage ait été transcrit sur les registres de l'état civil en France, conformément à l'art. 171 du Code Napoléon.

Pour résoudre cette difficulté, il suffit d'examiner si le mariage est valable lorsque la formalité de la transcription n'a pas été observée. Cela ne fait aucun doute; la disposition de l'art. 171 n'entraîne pas de nullité et n'est que purement réglementaire. Les droits de la femme ne peuvent d'ailleurs dépendre du plus ou moins de vigilance de son mari, sans quoi le législateur eût pu tout aussi bien assujettir l'hypothèque légale à la nécessité de l'inscription; c'est ce qu'il n'a pas fait, bien que l'art 2136 renferme à cet égard une disposition bien autrement impérative que l'art. 171 : «Sont toutefois les maris et les tuteurs tenus de rendre publiques les hypothèques dont leurs biens sont grevés, etc.[2].»

1. Troplong, des privil. et hypoth., nº 512 *bis*. Grenier, nº 246. Persil. régime hyp. sur l'art. 2121, et Quest., t. 1er, p. 225. C. Paris, 27 juin 1815 (Wendel). Dalloz, alp. 9-199.

2. *Sic* Troplong, nº 513 *bis*, loc. cit. C. rej. 23 nov. 1840. S. V. 40, 1, 929. (Gradis), Cour imp., Douai, 25 août 1851. Sirey, 32, 2, 22. Dalloz, Jurisp. générale, v. hyp., p. 133, nº 3.

La Cour suprême s'est prononcée en ce sens par un arrêt du 23 nov. 1840, dont le dispositif est ainsi conçu :

«Attendu que tout acte de l'état civil des Français et des étrangers, «fait en pays étranger, fait foi, s'il a été redigé dans les formes usitées «dans ledit pays ;

«Attendu que le mariage contracté en pays étranger entre Fran«çais, et entre Français et étrangers est valable, s'il a été célébré dans «les formes usitées dans le pays, pourvu qu'il ait été précédé de pu«blications légalement faites en France, et que l'époux français pos«sède les qualités et conditions requises pour pouvoir contracter «mariage en France ;

«Attendu que, si l'art. 171 du Code civil ordonne que, dans les «trois mois qui suivront le retour sur le territoire du royaume du «Français marié en pays étranger, l'acte de célébration sera transcrit «sur le registre public des mariages du lieu de son domicile, le retard «ou l'omission de cette transcription n'entraîne ni déchéance ni «nullité ;

«Attendu qu'en France, l'hypothèque de la femme mariée sur les «biens de son mari, est un effet civil et une conséquence nécessaire «de l'état de cette femme ou du mariage qui constitue cet état; — «que dès lors le droit d'hypothèque légale de la femme française «existe, quand le mariage est constant; — que, si les contrats passés «en pays étrangers ne donnent pas d'hypothèque en France, il en est «autrement des contrats de mariage suivis de la célébration qui peut «seule leur donner force et valeur ; — que ces contrats ne sont pas de «simples contrats civils, mais, en ce cas, de véritables contrats du droit «des gens, valables entre toutes les nations et en tous pays.»

Le contraire a été jugé cependant par un arrêt de la Cour de Montpellier, du 15 juin 1823 (Affaire Coulau, Sirey, 23, 2e, 301), et par un arrêt de rejet de la Cour de cassation, du 6 janvier 1824 [1].

1. Voy. MM. Aubry et Rau, t. II, p. 121. Duranton, 2, 20, n° 21.

L'arrêt de la Cour de Montpellier est ainsi conçu :

«Attendu que la loi, tout en voulant protéger les femmes mariées, «a cependant voulu que les tiers eussent un moyen de connaître les «droits de ces femmes sur les biens de leurs maris, et que sans la «transcription du mariage passé en pays étranger, il est impossible «que ces tiers en aient connaissance.

«Que dans une telle hypothèse accorder une hypothèque légale «sans inscription à une étrangère dont le mariage est inconnu, ce «serait ouvrir aux fraudes la porte la plus large.»

Les auteurs qui soutiennent cette opinion invoquent aussi l'intérêt des tiers qui, sans l'accomplissement de la transcription, peuvent ignorer jusqu'à l'existence du mariage; et lorsque la transcription a eu lieu, l'hypothèque légale n'existe, suivant eux, que depuis cette formalité.

Mais si, en matière d'hypothèque légale, l'intérêt des tiers devait être préféré à celui de la femme, le législateur aurait dû faire dépendre le droit de préférence de celle-ci de la formalité de l'inscription; c'est ce qu'il n'a pas fait; il a admis au contraire l'occultanéité de cette hypothèque qui appartient dès lors à la femme mariée à un Français en pays étranger aussi bien qu'à celle dont le mariage a été célébré en France.

Quant à la rétroactivité de l'hypothèque légale au jour du mariage, il me semble qu'elle ne doit nullement faire doute, puisque la célébration est sa cause efficiente et que, de l'avis de presque tous les auteurs, les effets du mariage remontent au jour de la célébration, lors même que l'acte n'a été transcrit que bien plus tard sur les registres de l'état civil en France, ou qu'il n'a pas été transcrit du tout.

Les femmes étrangères ont-elles hypothèque sur les immeubles de leurs maris situés en France?

La plupart des auteurs la leur refusent en se fondant sur ce que cette hypothèque est une création du droit positif, une pure concession du droit civil introduite pour les régnicoles seuls. Ils disent que ce serait méconnaître les bases mêmes de notre système hypothécaire que d'attacher l'hypothèque légale au fait d'un mariage qui n'aurait acquis en France ni publicité réelle ni présomption légale de publicité[1].

La jurisprudence s'est prononcée dans le même sens[2]. Mais l'opinion qui accorde à la femme étrangère une hypothèque légale sur les biens de son mari n'en compte pas moins de savants défenseurs et s'appuie, nous l'avouons, sur des arguments très-sérieux.

Et d'abord, la loi qui régit les hypothèques est un statut réel et à ce titre elle affecte tous les immeubles français, sans que l'on ait à s'informer qui les possède. Pour l'étranger, telle est la condition *sine qua non* de la faculté de posséder; s'il est époux ou tuteur, les obligations qui naissent de cette double qualité doivent être exécutées en France sur les biens dont il y est devenu propriétaire, conformément aux lois du pays, qui assurent à la femme et aux mineurs une hypothèque légale sur les biens de leur débiteur, et cela à l'instant même de l'acquisition (arrêt de Grenoble, cité plus loin).

Le principe admis, il importe peu, dit-on, que le fait dont la loi française fait le fondement de l'hypothèque légale ait eu lieu en France ou en pays étranger, du moment que la loi française reconnaît la validité des mariages célébrés hors de son territoire dans les formes de chaque pays.

Les mêmes auteurs tirent encore un argument de ce que les hypo-

1. *Sic* Pothier, Introd. au tit. 20 de la Coutume d'Orléans, ch. 1, n° 9. Brodeau, sur les art. 107 et 164, n° 9 de la Cout. de Paris. Malicoste, Cout. du Maine sur l'art. 186. Rousseau de Lacombe, v. hypoth., sect. 2, n° 5. Roussilhe, de la Dot, t. 1, p. 316, arrêt du Grand conseil du 17 mars 1748, rapporté par Merlin, répert. v° hypothèque, sect. 1, § 5, n° 12. Grenier, hyp. t. 1er, n° 246, 247, Battur eod. t. 2, n° 351. Duranton, t. 19, n° 292. MM. Aubry et Rau. t. II, p. 121, en note, et p. 318. Gaudry, Revue de législation, t. 2, p. 300. Fœlix, Revue étrangère, 1842, t. 1er, p. 25 et suivantes.

2. Par des arrêts de la Cour de Liége du 16 mai 1823 (aff. Lesueur, Collect. nouv. 7, 2, 212); de Douai, 24 juin 1844 (aff. Zanna, Sirey, 44, 2, 339); de Bordeaux, 14 juillet 1845 (aff. Palmer, Sirey, 46, 2, 394); de Metz, 6 juillet 1853 (aff. Viennet, Sirey, 53, 2, 547).

thèques judiciaires et conventionnelles sont des institutions de droit civil, et personne ne dénie ces droits aux étrangers, d'où ils concluent qu'il ne faudrait pas non plus dénier à la femme non-française l'hypothèque légale sur les biens de son mari situés en France [1].

Cette opinion a été sanctionnée par un arrêt de la Cour de Grenoble du 19 juillet 1849 (aff. Dupré, Sirey, 50, 2, 261).

Mais le raisonnement que l'on fonde sur une prétendue similitude entre l'hypothèque légale et les hypothèques conventionnelles ou judiciaires et les priviléges est inadmissible en présence des art. 2122 et 2123 du Code Napoléon, qui décident formellement que l'hypothèque ne peut résulter de contrats passés dans les pays étrangers ou de jugements rendus par les tribunaux de ces pays.

D'une autre part, si l'hypothèque légale était du droit des gens, ainsi que l'a décidé la Cour de Grenoble, la question ne ferait plus doute, mais si elle est au contraire une institution de droit civil, ainsi qu'on le pense généralement, la femme étrangère ne peut l'invoquer.

Que les immeubles possédés par des étrangers soient soumis à la loi française, c'est là un fait certain; mais la femme étrangère pourra-t-elle s'en prévaloir pour revendiquer un droit qui, la plupart du temps, tournerait au préjudice de nos nationaux, eu égard à la presque impossibilité dans laquelle ils se trouveraient en pareil cas de s'assurer de l'existence du mariage.

Un autre système consiste à accorder ou refuser l'hypothèque à la femme étrangère, selon que la loi de son pays la lui accorde ou la lui refuse [2]. Mais ce système mixte n'est guère admissible à moins d'attribuer aux lois étrangères une autorité qui ne peut leur appartenir en France.

L'hypothèque peut être cependant réclamée par une femme étran-

1. *Sic* Troplong. Priv. et hypoth. n° 513 *ter*. Merlin, Répert. v° Remploi, § 2, n° 9. Tessier, de la Dot, t. 2, n° 133. Dalloz, Loi, p. 884, n° 36.

1. Cubain, Droit des Femmes, n° 679. Rapetti, Condition des étrangers, p. 121.

gère toutes les fois qu'il existe un traité stipulant la réciprocité entre les deux pays. Ce droit résulte notamment au profit des femmes sardes, du traité intervenu le 24 août 1760 entre les souverains de France et de Sardaigne, bien qu'il ne mentionne *in terminis* que les hypothèques conventionnelles et les hypothèques judiciaires [1].

Il résulte au profit des femmes suisses du traité passé le 30 mai 1827 entre la France et la République helvétique, lorsque la législation ou la jurisprudence particulière des cantons auxquelles elles appartiennent accordent une semblable hypothèque aux femmes des Français sur les biens de leurs maris, situés dans ce canton. Il en est ainsi spécialement du canton de Genève. La Cour d'appel de Paris l'a jugé ainsi le 19 août 1851 dans l'affaire Sutter contre Lenoire, par un arrêt inséré dans le tome 53 de la Collection de Sirey, 2e partie, p. 117.

La femme étrangère n'a pas d'hypothèque sur les biens que son mari possède sur notre territoire, même alors, qu'au moment de leur mariage, les époux avaient la qualité de Français et ne l'ont perdue qu'ultérieurement par la séparation de leur pays d'avec la France. En effet, les traités qui ont établi ou consacré une pareille législation ont formé des événements de force majeure que les habitants ont dû subir avec toutes leurs conséquences. La première de ces conséquences étant de faire perdre à ceux qui passent sous une nouvelle domination leur nationalité primitive, ils doivent perdre avec cette qualité les droits civils qui en dépendaient [2].

L'étranger admis à établir son domicile en France doit y jouir de tous les droits civils, tant qu'il continue d'y résider, aux termes de l'art. 13 du Code Napoléon. Dans ce cas, il communique cette jouissance des droits civils à sa femme, qui obtient ainsi une hypothèque légale sur les biens de son mari situés en France, mais sans aucune rétroactivité [3].

1. Cour de Grenoble, 19 juillet 1849 (aff. Dupré). Sirey, vol. 50, 2, 261.
2. Douai, 24 juin 1824 (aff. Zama). Sirey, vol. 44, 2, 33.
3. Bordeaux, 14 juillet 1845 (aff. Palmer). Sirey, vol. 46, 2, 394.

A plus forte raison, la femme mariée en pays étranger, mais devenue depuis Française, doit-elle jouir de l'hypothèque légale [1].

CHAPITRE III.

Des droits ou créances pour lesquels la femme a hypothèque légale.

Aux termes de l'art. 2135 du Code Napoléon, les femmes ont hypothèque légale, pour raison de leur dot et conventions matrimoniales, des sommes dotales qui proviennent de successions à elles échues ou de donations à elles faites pendant le mariage, pour l'indemnité des dettes qu'elles ont contractées avec leur mari et pour le remploi de leurs propres aliénés.

Les art. 2140, 2144, 2193 et 2195 ajoutent à cette énumération incomplète les reprises; l'art. 2121, plus général encore, parle des droits et créances, de sorte que l'on peut dire que l'hypothèque légale protège toutes les créances de la femme contre son mari sous quelque régime qu'elle soit mariée [2].

Nous allons pour plus de clarté diviser ce chapitre en six paragraphes, dans lesquelles nous traiterons de l'hypothèque légale qui appartient à la femme pour sûreté:

1° De la dot et des créances non-extradotales;

2° Des créances extra-dotales ou paraphernales;

3° Des conventions de mariage;

4° De l'indemnité de dettes;

5° Des successions et donations ouvertes pendant le mariage;

6° Du remploi des propres aliénés.

1. Paris, 27 juin 1815 (aff. Wendel). Dalloz, alp. 9, 199. Persil, quest. t. 1, p. 225.

2. MM. Aubry et Rau, t. 11, II, p, 126. Tarrible, Rép. v° hypoth. sect. II, § 3, art. 4, n° 2. Battur, II, 358. Troplong, II, 375, 410 et suivants.

§ 1. *De la dot et des créances dotales.*

Les femmes ont en premier lieu hypothèque légale pour raison de leurs dots et créances dotales.

Or la dot, sous le régime de la communauté comme sous le régime dotal, consiste dans les biens que la femme apporte au mari pour supporter les charges du mariage (Code Nap., art. 1540).

Sous l'ancienne législation, dans les pays de droit écrit, la dot pouvait être augmentée pendant le mariage, d'où la question de savoir si une femme mariée, sous l'empire d'une loi qui lui conférait hypothèque légale, tant pour la dot que pour l'augment de dot, jouit de cette hypothèque dans le cas où l'augmentation a eu lieu depuis le Code civil (Code Nap., art. 1543). Un arrêt de la Cour de Nîmes du 16 juin 1813 (aff. Parquet; Sirey, 14, 2, 33) a jugé la négative, en se fondant sur ce que l'hypothèque légale n'existe indépendamment de toute inscription qu'à raison de la dot et des conventions matrimoniales, qui ne peuvent être modifiées ni augmentées depuis le mariage, et sur ce qu'en admettant le système contraire, le mari pourrait, en produisant son contrat de mariage, obtenir un faux crédit et induire les tiers en erreur sur la validité du gage hypothécaire par lui offert.

Cet arrêt nous semble être allé trop loin en refusant l'hypothèque légale avec dispense d'inscription. Il aurait fait une meilleure application de la loi, s'il s'était borné à en reculer le rang à l'époque ou le mari est devenu débiteur de l'augmentation de dot, puisque l'art. 2121 applique formellement l'hypothèque légale à tous les droits et créances de la femme.

Déjà en Droit romain cette hypothèque remontait au jour de l'augmentation de la dot et non au jour du mariage, en vertu d'une Constitution de l'empereur Justin (Loi 19. C. *de donationibus ante nuptias*). Justinien, par la Nov. 97, ch. 2, fit une distinction entre l'augmentation en immeubles et celle faite en biens mobiliers. Dans le premier cas, le privilége créé par la loi Assiduis existait pour la dot comme pour l'augmentation ultérieure ; dans le second cas, si le mari avait des créanciers dans le temps de l'augmentation, ils primaient la femme ; si non, l'hypothèque de cette dernière était privilégiée comme pour la dot elle même (Cujas sur la Nov. 97. Troplong, t. II, 592).

La femme a d'ailleurs hypothèque légale sur les biens de son mari, lors même qu'aux termes du Code Napoléon, un tiers, par exemple le père du mari, a touché la dot, parce que le mari, qui donne son consentement à ce qu'il en soit ainsi, n'en est pas moins propriétaire de la dot et comme tel responsable vis-à-vis de la femme. Cette circonstance qu'un tiers en a touché le montant, ne fait que fournir une garantie de plus à la femme, en lui donnant deux débiteurs au lieu d'un seul[1].

Quid, si la réception de la dot par le mari n'est pas constatée par des quittances authentiques ? La femme n'en a pas moins hypothèque légale, du moment que les quittances sous signatures privées produites n'offrent aucun indice de dol ou de fraude[2].

Pour soutenir la négative, on se fondait sur l'art. 130 de l'ordonnance de 1629, portant: «Toute quittance de dot sera passée devant notaire «à peine de nullité pour le regard des tiers,» et sur la disposition d'une déclaration du 6 mars 1696, qui exigeait que les quittances de dot fussent passées devant notaires et ne permettait pas d'opposer aux tiers créanciers des quittances sous seing-privé.

A cela on répondait que l'ordonnance de 1629 n'avait jamais eu force de loi dans la plupart des parlements, que la déclaration de 1696 était une loi bursale inaplicable au droit civil, un arrêt du Parlement de Paris, du 3 septembre 1781, sanctionna cette manière de voir et avec raison.

1. Arrêt de la Cour de Montpellier, 3 janvier 1827. Col. nouv., 8, 2, 305, et Cassat. rejet. 30 mars 1831 (aff. Leportelière), Sirey, V. 31, 1-143.

2. Cassat. rej. 16 juillet 1817 (aff. Delahaye) Sirey 19, 1, 40. Merlin, Questions de droit, voir hyp. Grenier, hyp. t. 1. p. 305. Dalloz, hyp., p. 128.

Si le mari refusait toute quittance, il faudrait s'en tenir à la preuve testimoniale, en donnant une quittance sous seing-privé ; le genre de preuve qui en résulte doit être admis *a fortiori*.

Au surplus, l'existence d'un contrat spécifiant les apports, fait naître la présomption que des paiements ont dû être effectués en exécution de cet acte, de sorte que la femme devra prouver uniquement d'où proviennent les deniers dont il n'est pas parlé au contrat (Favre, C. *de dote cauta non numerata*, lib. 5. t. 10).

Dans l'un et l'autre cas, les quittances sous seing-privé et la preuve testimoniale seront d'ailleurs admises, le Code Napoléon n'ayant pas reproduit la disposition de l'ordonnance de 1629.

Il est hors de doute que la femme a hypothèque légale pour sûreté d'une créance due par le mari et recueillie par elle dans une succession où elle a été appelée. En présence des art. 2121 et 2135, c'est un fait constant, bien que la question soit devenue l'objet d'une instance judiciaire résolue dans le sens que nous venons d'indiquer par un arrêt de la Cour de Paris, du 13 avril 1825 (aff. Abbéma, col. N. 8, 2, 61).

Les répétitions que la femme peut avoir à former contre son mari à raison des dégradations commises sur des immeubles dotaux, forment une créance, et, comme telles jouissent de l'hypothèque légale, qu'elles proviennent du mari ou du fait d'un tiers qui ne pourrait en répondre. — La femme devrait même être colloquée éventuellement à raison des dégradations qui pourraient avoir lieu jusqu'à la dissolution du mariage, sauf aux tiers à éviter les suites de cette collocation en donnant une caution ou toute autre sûreté équivalente.

L'hypothèque légale pour cette cause remonterait au jour du mariage [1].

1. Poitiers, 14 décembre 1830 (aff. Delarue). Sirey, 31, 2, 214.

§ 2. *Des créances extradotales ou paraphernales.*

Une des questions les plus importantes de cette matière est celle de savoir si la femme sous le Code Napoléon a hypothèque pour la répétition de ses biens extradotaux; la jurisprudence a presque généralement adopté l'affirmative [1].

M. Planel, professeur à la Faculté de Droit de Grenoble, a soutenu le contraire dans une Dissertation insérée dans la Collection de Sirey, t. 19, 2, 89.

Sous la législation de Justinien, la femme avait hypothèque légale pour sa dot, pour son augmentation de dot, pour sa donation *propter nuptias* (Perez, lib. 5, t. 12, n° 20) et *les biens paraphernaux*, c'est ce que nous apprend la loi *si mulier* au Code *de pactis conventis,* aux termes de laquelle toutes les fois qu'il a été stipulé une hypothèque dans le contrat de mariage (*in dotali instrumento*), pour sûreté des paraphernaux, la femme doit s'en contenter; au cas contraire, l'empereur lui accorde une hypothèque légale sur les biens de son mari : «*Si autem minime hoc scriptum inveniatur ex præsenti nostra lege habeat (mulier), hypothecam contra res mariti ex quo pecunias ille exegit* [2].»

Le Code Napoléon n'a pas modifié les lois romaines à cet égard, de sorte que, si le mari a eu la jouissance des biens paraphernaux

1. Riom, 20 février 1819 (aff. Delrieu). Sirey, 20, 2, 275. Riom, 5 février 1821 (aff. Maurin). Sirey, 22, 1, 379. C. cassat. 11 juin 1822 (aff. Billerey). Sirey, 22, 1, 379. Lyon, 16 août 1823 (même affaire). Sirey, vol. 24, 2, 62. Bordeaux, 20 juin 1826 (aff. Ferchal). Sirey, vol. 26, 2, 309. Toulouse, 14 février 1829 (aff. Bascans). Sirey, 29, 2, 161. Toulouse, 7 avril 1829 (aff. Durand). Sirey, 20, 2, 31. Grenoble, 30 mai 1834. Sirey, 34, 2, 478. Troplong, t. II, 410. MM. Aubry et Rau, t. II, p. 121. Cassat., 6 juin 1826. Dalloz, 26, 1, 296, 28 juillet 1828. Dalloz, 28, 1, 354. Persil, Quest., t. I, p. 226.

Contra. Grenoble, 18 juillet 1814 (aff. Ribes). Sirey, vol. 18, 2, 294. Grenoble, 24 août 1814 (aff. Givodan). Sirey, vol. 18, 2, 205. Grenier, n° 229.

2. Voir aussi Favre, C. lib. 5, t. 8. def. 23; Voët, lib. 20, t. 2, n° 20. Cujas, C. de jure dotium.

pendant le mariage, la femme a hypothèque légale pour leur restitution (art. 2121).

M. Grenier, t. Ier, n° 232, se fondant sur la loi *si mulier*, relatée plus haut, qui ne parle que du principal (*sortis*) et sur l'art. 1577 du Code Napoléon, l'admet bien pour les capitaux, mais la refuse pour les intérêts et fruits des biens extradotaux.

Pour que cette proposition parût fondée, il faudrait prouver que la loi *si mulier* a un sens limitatif, ce qui serait difficile, puisqu'elle suppose que le mari n'est pas débiteur des intérêts et qu'il a usé du droit de les employer pour l'utilité commune des deux époux, *et usuras quidem eorum circa se et uxorem expendere, pecunias autem sortis quas exegerit servare mulieri, vel in causas ad quas ipsa voluerit distribuere.*

Quant à l'art. 1577, également invoqué, il signifie que le mari, chargé de la procuration de la femme, sera tenu envers elle, comme tout mandataire, aux obligations édictées par les art. 1993 et 1996 du Code Napoléon, en vertu de l'action *mandati;* il règle l'action personnelle, mais n'a trait en aucune façon à l'action hypothécaire qui est établie par l'art. 2121 du même Code [1].

Il faut donc admettre que l'hypothèque légale garantit les créances paraphernales et extradotales comme tous les autres droits de la femme. Un arrêt de la Cour de Cassation du 11 juin 1822 renferme à cet égard des raisons décisives que nous devons reproduire:

«Attendu que l'art. 2121 dispose d'une manière générale et absolue, que les femmes ont une hypothèque légale sur les biens de leurs «maris pour sûreté de leurs droits et créances;

«Que par ces mots *droits* et *créances* on doit nécessairement entendre «tout ce que les femmes sont en droit de réclamer contre leurs maris «à quelque titre que ce soit;

«Que l'art. 2135 porte également et sans restriction que les femmes

1. Troplong, t. II, n° 410. Cour de Cas., 11 juin 1822 (aff. Billerey). Sirey, 22, 1, 379. Montpellier, 27 avril 1846 (aff. Lebrou). Sirey, v. 47, 2, 459. Seriziat, Régime dotal, 353.

«ont une hypothèque indépendamment de toute inscription sur les «biens de leurs maris;

«Que, si cet article fixe diverses époques auxquelles remonte cette «hypothèque des femmes, suivant la nature des droits qu'elles ont à «réclamer, ce n'est pas pour en soustraire aucun à l'hypothèque qu'il «leur accorde, mais uniquement pour établir que tous ne doivent pas «remonter à la date de leur mariage;

«Qu'il résulte, en effet, des dispositions des art. 2193, 2194 et «2195, que les acquéreurs des immeubles des maris ne purgent les «hypothèques inscrites des femmes mariées pour leurs dots, reprises «et conventions matrimoniales, qu'en observant les formes qu'ils pres«crivent;

«Que les créances paraphernales des femmes rentrent nécessaire«ment dans les dispositions générales de ces articles, lorsque ceux-ci «en ont reçu le montant et qu'ils en sont restés débiteurs envers elles, «etc., etc.»

L'argumentation qui précède, prouve surabondamment que la femme qui, avant son mariage, était créancière de son mari et qui, par son contrat, s'était réservé cette créance comme un paraphernal, a hypothèque pour sa conservation, de même que pour tous ses autres droits [1].

Si la femme a hypothèque légale pour les intérêts et fruits des biens paraphernaux, à plus forte raison jouit-elle de la même garantie pour les intérêts et fruits de la dot, qui suivent le sort du principal, depuis le jour où ils ont couru. Ce point n'est pas contesté; tous les auteurs sont d'accord pour l'admettre [2].

1. Tarrible, Rép. v° Hypoth. sect. 2, § 3, art. 4, n° 2. Persil, quest., t. I, p. 226.

2. Troplong, 418 *ter*. Tarrible, Rép. Insc. hyp., § 5, n° 14. Persil, Régime hypoth. sur l'art. 2151, n° 7. Grenier, t. Ier, n°s 104 et 231. Benoît, t. II, n° 23.

§ 3. *Des conventions matrimoniales.*

La femme a hypothèque à raison de ses conventions matrimoniales.

On entend par là *sensu lato*, toutes les clauses et stipulations qui règlent les intérêts pécuniaires des futurs époux en vue de l'union projetée.

Pro subjecta materia, ce sont les avantages faits par le mari à la femme par le contrat de mariage ou par tout autre acte fait en vue du mariage et qui ne doivent revenir à la femme qu'après sa dissolution et *dans le cas où elle survit au mari*. Tels sont le douaire conventionnel en argent ou en choses mobilières, le préciput, les pensions viagères, gains de survie et autres avantages gratuits de leur nature.

D'après cette définition, une femme doit être colloquée sur les biens du mari vendus pendant le mariage, même pour ses droits éventuels, tels qu'un préciput ou gain de survie, en ce sens que les fonds doivent être affectés au paiement de ses droits pour le cas où ils s'ouvriraient [1].

Quid pour les droits conditionnels ou indéterminés qui sont assurés à la femme par son contrat de mariage sur les biens de son mari, tels qu'un usufruit de tout ou partie de ses biens, en cas de survie par elle? un pareil avantage lui procurera-t-il une hypothèque légale qu'elle puisse inscrire du vivant de son mari?

La question est fortement controversée. Un arrêt de la Cour de Douai du 29 août 1835 (aff. Dupont, Sirey, 36, 2, 34) la résolue dans le sens de l'affirmative. Un arrêt de la Cour de Cassation du 19 août 1840 (aff. Ledieu, Sirey, 40, 1, 849) a décidé également qu'une pareille donation constitue une convention matrimoniale protégée par l'hypothèque légale de la femme, mais en ce sens que, si le mari, en

1. Cour de Metz, arrêt du 18 juillet 1820 (aff. Morin). Sirey, v. 21, 2, 365.

fraude de ces conventions, a disposé à titre gratuit des biens soumis à l'usufruit, la femme conserve le droit, au cas de survie, de faire révoquer ces aliénations, et ne peut être forcée par les tiers-détenteurs de donner main-levée de l'inscription qu'elle aurait prise sur les biens du mari ainsi aliénés.

Cette décision est fondée sur les art. 2121 et 2135 du Code Napoléon, qui protègent, en effet, toutes les conventions matrimoniales. Nous l'adoptons complétement, sous la restriction qui résulte de l'arrêt invoqué plus haut, c'est-à-dire que l'hypothèque légale n'aura d'objet que dans le cas où le mari aurait fait des aliénations à titre gratuit, au préjudice des avantages assurés à la femme par son contrat de mariage, une donation éventuelle du genre de celle dont il s'agit ne devant porter nulle atteinte à l'administration du mari, et ne pouvant gêner la liberté des transactions à titre onéreux.

Quant à la femme d'un mari commerçant à l'époque de la célébration du mariage ou qui, n'ayant pas alors de profession déterminée, l'est devenu dans l'année, elle ne peut, en vertu de l'art. 564 du Code de Commerce, exercer dans la faillite aucune action à raison des avantages portés au contrat de mariage, et ne peut, en conséquence, réclamer aucune hypothèque légale pour les gains de survie et les donations qui lui sont assurés contractuellement; par esprit de réciprocité, les créanciers ne peuvent, de leur côté, se prévaloir des avantages faits par la femme.

Mais celle-ci n'a évidemment aucune hypothèque légale pour sa part dans les biens de la communauté ou d'une société d'acquête, dont elle est copropriétaire, en cas d'acceptation de la communauté, sans qu'elle y ait aucun droit lorsqu'elle renonce. Dans la première hypothèse elle n'a, comme tout copartageant, qu'un privilége, soumis pour sa conservation aux règles établies par la loi (art. 1476 et 2109 du C. Nap.)[1].

1. Paris, 3 décembre 1836. Sirey, 37, 2, 273. Cassat. rejet, 15 janvier 1842. Sirey, 42, 1, 631. Bordeaux, 2 mars 1848. Sirey, 47, 2, 349.

Persil, sur l'art. 2135, § 2, n° 14, et MM. Aubry et Rau (t. II, p. 126), refusent à la femme toute hypothèque légale pour les indemnités et récompenses qu'elle n'a droit d'exercer que sur les biens de la communauté. Cette opinion nous paraît exacte, lorsque les biens de la communauté sont suffisants pour couvrir les créances de la femme; mais il nous semble également hors de doute que toutes les fois qu'elle renonce ou qu'elle exerce le recours subsidiaire que lui accorde l'art. 1472 du Code Napoléon, on ne doive adopter une solution contraire.

La femme a-t-elle hypothèque légale pour son deuil? avec M. Toullier (t. 13, n° 267) nous dirons oui, si les frais de deuil lui ont été assurés par son contrat de mariage, sans quoi la créance qui lui appartient à cet égard, prend naissance à une époque où l'hypothèque légale est déterminée, quant à son objet, et ne peut plus prendre naissance. Il en est de même pour le droit d'habitation (art. 1481 et 1570) et pour les aliments.

Cependant cette double question a reçu une solution contraire de la part de la jurisprudence, qui met les intérêts de la dot, le deuil et les aliments, pendant l'année du décès du mari, au nombre des conventions matrimoniales, et lui accorde hypothèque du jour du mariage aussi bien qu'à la dot même[1].

On avait agité même anciennement une autre question, celle de savoir si la femme avait, pour ses aliments durant le mariage, une hypothèque légale sur les biens du mari; on voulait les faire considérer comme des fruits de la dot, mais cette opinion est inadmissible, puisque les aliments forment une charge personnelle au mari, et sont dûs lorsqu'il n'existe aucune dot (Troplong, n° 418 *bis*).

L'hypothèque légale garantit les dépens faits sur la demande en séparation de corps ou de biens. Si le privilége de la dot ne s'éten-

1. Toulouse, 6 décembre 1824. Sirey, 26, 2, 106. Cassat. 29 août 1838. Sirey, 38, 1, 749. Benoît, de la Dot, t. II, n° 25.

dait pas aux frais faits pour la mettre en sûreté, elle pourrait être notablement diminuée, souvent même absorbée par ces frais. Les précautions prises par le législateur seraient vaines et trop facilement éludées; cela est d'autant plus vrai que la femme mariée ne peut, selon plusieurs auteurs, agir contre son mari pour l'exercice de ses droits dotaux et de ses reprises matrimoniales, avant de faire prononcer la séparation. Le rang du principal détermine d'ailleurs, en ce cas, celui de l'accessoire (Arg. C. c. 2148, 4°)[1].

La jurisprudence s'est généralement prononcée dans ce sens[2].

L'hypothèque légale couvre également les frais de la liquidation des reprises de la femme[3]. La raison est la même.

Il a été jugé aussi par la Cour d'Agen[4] que la femme jouit de la garantie hypothécaire à raison des dépens auxquels le mari a été condamné sur une demande intentée contre lui, à l'effet d'obtenir de la justice une autorisation de plaider à défaut d'autorisation maritale.

Cette décision est fondée sur ce que la femme a hypothèque légale pour tout ce qui se rattache aux conventions matrimoniales, soit expresses, lorsqu'elles sont écrites dans le pacte anténuptial, soit tacites, lorsqu'elles résultent du droit commun. La Cour considère l'obligation du mari d'autoriser la femme comme une condition tacite du mariage, dont l'inexécution, si elle est considérée comme dépourvue de fondement, entraîne la condamnation du mari aux dépens, et a, dès lors, pour conséquences l'hypothèque légale, de même que toute autre créance de la femme.

1. Grenier, n° 231. Troplong, n° 418 *ter*. Boniface, t. II, l. 4, tit. 3. Benoît, t. II, n° 24.

2. Douai, 1er avril 1826. Sirey, vol. 27, 2, 39. Riom, 5 février 1821. Sirey, 23, 2, 23. Paris, 28 juin 1853.

3. Caen, 23 novembre 1824 (aff. Fourny). Sirey, 26, 2, 70.

4. Agen, 15 novembre 1847 (aff. Bousquet). Sirey, 48, 1, 681.

§ 4. *Des successions échues à la femme et des donations à elles faites durant le mariage.*

Aux termes de l'art. 2135, C. Nap., la femme a hypothèque légale pour les sommes dotales ou propres qui proviennent de successions ou legs recueillis par elle ou de donations à elle faites durant le mariage. Ce point ne souffre aucune difficulté, puisqu'il est formellement décidé par le texte même de la loi; mais il donne lieu, en ce qui concerne la date à laquelle remonte cette hypothèque, à plusieurs questions qui seront traitées au long dans l'un des chapitres suivants.

Nous dirons toutefois dès à-présent qu'il ne faut pas comprendre dans la même catégorie :

1° Toutes les sommes extradotales échues à la femme à titre gratuit durant le mariage, attendu qu'elles ne sont garanties par l'hypothèque légale que du jour où le mari les a reçues ou en est devenu responsable à tout autre titre;

2° Les immeubles même dotaux provenant de la même source. Relativement à ces biens, on appliquera les règles spéciales au cas de remploi des propres de la femme.

§ 5. *De l'indemnité de dettes.*

Le principe qui ne fait considérer la femme que comme caution de son mari, au cas d'un engagement solitaire souscrit par les deux époux, a été introduit par le droit coutumier. Il est fondé sur la supposition que la femme, en souscrivant une obligation pareille, ne l'a fait que pour prévenir les dissentions intérieures auxquelles son refus pouvait donner lieu, par suite de l'autorité que le mari a sur elle durant le mariage (art. 1431, C. Nap.).

Ce principe est salutaire; il a été sanctionné par le Code, bien que le législateur ait dû en restreindre les conséquences, lorsqu'il a fixé le rang de l'hypothèque à laquelle cette indemnité donne lieu.

Cela posé, il importe d'examiner si la femme peut être colloquée en vertu de son rang hypothécaire, même avant d'avoir payé la dette solidaire, lorsque son mari a fait faillite, ou même avant d'être poursuivie à fin de paiement, si d'ailleurs aucune garantie n'a été offerte pour le cas où elle serait plus tard obligée d'acquitter la dette.

Cette question a reçu une solution affirmative, en cas de faillite, par un arrêt de la Cour d'Orléans du 24 mai 1848 (affaire Vidal, Sirey, 50, 2, 145), et dans la seconde hypothèse, par un arrêt de rejet de la Cour de Cassation du 25 mars 1824 (administration des domaines, ibid. 34, 1, 272).

Cette double solution repose sur les termes de l'art. 2032 du Code Napoléon, qui donne à la caution la faculté d'agir contre le débiteur principal, même avant d'avoir payé, lorsqu'elle est poursuivie en justice pour le paiement, lorsque le débiteur a fait faillite ou est en déconfiture, ou lorsque la dette est devenue exigible par l'échéance du terme sous lequel elle avait été contractée.

La Cour de Paris[1] est allée plus loin, en jugeant que l'exercice du droit de la femme ne peut même être paralysé par l'offre d'un créancier postérieur de ne toucher sa collocation qu'à la charge de donner caution ou de faire emploi, pour assurer le recouvrement de l'indemnité due à la codébitrice, pour le cas où elle serait poursuivie et contrainte de payer. La Cour s'est fondée sur le motif que la femme a droit d'être indemnisée, afin d'éteindre la dette principale, et n'a pas seulement droit à une simple garantie qui la laisserait exposée indéfiniment aux poursuites du créancier principal.

Cette jurisprudence a été sanctionnée par un arrêt de rejet du 2 janvier 1838[2].

1. Arrêt du 26 août 1836 (aff. Charles). Sirey, 36, 2, 548.

2. Sirey, 38, 1, 560. *Sic* Coulon, Quest. de Droit, t. II, p. 597. Dial. 75. Contra. Cassat., 16 juillet 1832. Sirey, 32, 1, 833, et Orléans, 1er décembre 1836. Sirey, 37, 2, 89.

Il faut d'ailleurs, pour l'exercice des droits de la femme, que les obligations solidaires résultent d'actes ayant date certaine[1].

La Cour de Paris a jugé le contraire par un arrêt du 31 juillet 1847, qui a déclaré l'art. 1328 du Code Napoléon inapplicable dans ce cas, par le motif qu'il suppose des conventions synallagmatiques pouvant être opposées à des tiers et devant par là même, pour avoir leur effet, être accompagnées d'une date certaine; elle a ajouté ce correctif que, s'il y a contestation sur le jour où la femme s'est réellement obligée, il appartient aux tribunaux d'en fixer la date, pour éviter les soupçons de dol ou de fraude.

Mais l'arrêt de la Cour de Paris a été cassé le 5 février 1851 (Sirey, 51, 1, 192). En effet, l'art. 1328 pose des règles qui s'appliquent à tous les actes sous seing-privé, et aucune disposition de la loi n'y dérogeant pour les hypothèques légales, l'on ne peut créer pour la femme une exception qui n'est pas écrite dans la loi[2].

Lorsque les dettes de la femme, antérieures au mariage, tombent dans la communauté et ne sont pas acquittées avant sa dissolution, la femme a également de ce chef une hypothèque légale contre son mari, puisqu'elle reste obligée au paiement de ces dettes, lors même que le mari devrait en acquitter soit la moitié, soit la totalité, selon qu'il y aura acceptation ou renonciation de la part de la femme, et l'hypothèque date du jour du mariage, puisqu'elle est l'effet d'une convention matrimoniale soit expresse, soit tacite[3].

§ 6. *Remploi des propres aliénés.*

L'hypothèque légale de la femme mariée pour le remploi de ses propres aliénés, sous le régime de la communauté, s'est introduite

1. Orléans, 24 mai 1848 (aff. Vidal). Sirey, 47, 2, 483.

2. On peut consulter dans le même sens deux arrêts des Cours d'appel d'Agen et de Rouen du 21 mars 1851 et du 24 mars 1852. Sirey, 52, 2e partie, p. 224 et 535.

3. Rolland de Villargues, Rép. hypoth. n° 384. Persil, sur l'art. 2135, § 2, n° 10. Bellot, t. Ier, p. 344.

tacitement dans notre ancien droit, depuis les États généraux de 1614. Autrefois elle remontait, quant à ses effets, au jour du mariage ou du contrat ; mais s'il était juste d'accorder une garantie à la femme en cas d'aliénation de ses propres, surtout quand le mari en avait profité ou en avait reçu le prix, il ne l'était nullement de donner à l'hypothèque une existence antérieure à celle de la créance dont elle formait l'accessoire. Cette iniquité si nuisible aux tiers a été proscrite par le Code Napoléon.

A plus forte raison, la femme a hypothèque légale en cas d'aliénation du fonds dotal par le mari durant le mariage, puisque le législateur a protégé la dot sous ce régime d'une manière toute particulière.

Mais a-t-elle à la fois une hypothèque légale sur les biens de son mari pour le prix des immeubles dotaux aliénés et une action en révocation des aliénations contre les tiers-acquéreurs, tellement qu'elle puisse, négligeant l'action révocatoire, se borner à demander sa collocation dans un ordre ouvert sur le prix des biens de son mari, et recouvrer ainsi, par le seul effet de son hypothèque légale, la valeur de ses immeubles dotaux aliénés [1] ?

Nous n'hésitons pas à adopter la solution affirmative consacrée par la Cour de Cassation par ses arrêts des 24 juillet 1821, 28 novembre 1838 et 16 novembre 1847, cités en note.

1. Cette question a reçu une solution affirmative par arrêt de la Cour de Cassation du 24 juillet 1821 (aff. Croychanel). Sirey, 21, 1, 422. De Rouen, 28 mai 1823 (même affaire). Sirey, 24, 2, 10. Pau, 31 décembre 1834 (caisse hypothéc.). Sirey, 35, 2, 208. Cour de Cas., 28 novembre 1838. Sirey, 38, 1, 963. Cassat. rejet, 16 novembre 1847. *Sic* Merlin, Rép. v° remploi, § 9, n° 2. Troplong, t. II, 612 et suivants. Tessier, de la Dot, t. II, n° 750. Coulon, Quest. de Droit, t. II, p. 324, dial. 75. Tarrible, Répert. Il a été décidé au contraire que la femme n'a que l'action révocatoire par la Cour de Montpellier, 7 janvier 1831 (aff. Caucat). Sirey, 31, 2, 214. Caen, 5 décembre 1836 (aff. Moloré). Sirey, vol. 37, 2, 164. Caen, 11 janvier 1831 (aff. Raisin). Sirey, v. 37, 2, 161. Nîmes, 29 août 1826. Grenoble, 31 août 1837. Dal. 28, 2, 144. 8 mars 1827. Idem, 28, 2, 9. 3 juillet 1828 (Dal. 29, 2, 8). *Sic* Grenier, hyp. t. Ier, n° 260. Bellot, Contrat de mariage, t. IV, p. 164. Benoît, de la Dot, t. Ier, p. 369 et suivantes.

Mais en cas de collocation de la femme, les créanciers du mari peuvent demander et les juges peuvent ordonner que la femme soit tenue de donner caution pour la restitution du prix, dans le cas où plus tard elle ferait annuler la vente, ou bien encore décider que le montant de la collocation restera entre les mains de l'acquéreur ou qu'il en sera fait tout autre emploi jusqu'au moment de l'exigibilité.

Nul doute d'abord, dans la question qui nous occupe, que la femme n'ait, après la dissolution du mariage, le choix entre l'action hypothécaire et l'action révocatoire. L'immeuble dotal rentre alors dans le commerce; la femme peut renoncer à son action en revendication, pour ratifier la vente et se faire indemniser sur le prix des biens du mari.

Mais lorsque le mariage n'est pas dissous, la dot reste inaliénable, et accorder à la femme l'action hypothécaire, n'est-ce pas lui donner un moyen de parvenir d'une manière indirecte à une aliénation interdite par la loi; n'est-ce pas renverser le régime dotal en permettant de substituer une dot mobilière à une dot immobilière, et en exposant la femme aux chances de perte qui résultent de cette conversion? n'y a-t-il pas enfin pour les créanciers du mari des dangers plus considérables encore, et qu'il est trop facile de prévoir, pour qu'il faille les énoncer?

Ces objections sont sérieuses, mais pour pouvoir donner une solution juridique, il faut remonter à un ordre de choses plus élevé.

En Droit romain, la loi Julia *de adulteriis* avait interdit la vente du fonds dotal, sans le consentement de la femme. Gaïus nous l'apprend en ces termes : «*Dotale prædium maritus invita muliere per legem Juliam prohibetur alienare, quamvis ipsius sit, vel mancipatum ei Dotis causa vel in jure cessum vel usucaptum, quod quidem jus utrum ad italica tantum prædia an etiam ad provincialia pertineat dubitatur*» (Jnst. com. II, § 63).

La même loi avait défendu d'hypothéquer l'immeuble constitué en dot, même avec le concours de la femme. Justinien alla plus loin, supprimant d'abord toute distinction entre le fonds dotal italien et le fonds provincial, il défendit d'une manière absolue de l'aliéner ou de l'hypothéquer. «*Ut fundum dotalem non solum hypothecæ titulo dare nec con-*«*sentiente muliere, maritus possit, sed nec alienare : ne fragilitate naturæ suæ in* «*repentinam deducatur inopiam* [1].»

Puis, au lieu du privilége contre les créanciers personnels que la femme avait dans l'ancien droit, il lui accorda, par la loi 30 au C. *de jure dotium*, une hypothèque tacite et privilégiée sur son fonds dotal, soit qu'il fût estimé ou non, ou bien une action réelle pour le revendiquer comme sien. Enfin par la loi unique *de rei uxoriæ actione* et la loi Assiduis (C. *qui potiores*), il lui conféra, en outre, une hypothèque légale sur tous les biens de son mari, et il voulut que cette hypothèque légale fût préférable à celle de tous les créanciers antérieurs.

Mais ni l'une ni l'autre de ces lois ne peut encore servir de base à l'option que la jurisprudence de la Cour de Cassation accorde à la femme entre l'action hypothécaire sur les autres biens du mari et l'action révocatoire. La loi 29 au C. *de jure dotium* lui est plus favorable, elle attribue formellement à la femme l'une et l'autre action, et bien que cette loi suppose une hypothèque conventionnelle (l'hypothèque tacite et privilégiée n'ayant pas encore été établie alors), ses dispositions sont devenues applicables depuis la loi Assiduis.

La femme n'avait pas pour cela le droit de faire vendre les biens du mari et de recevoir ainsi des deniers dont la dissipation eût été par trop facile; elle pouvait seulement se servir des fruits pour nourrir, elle, son mari et ses enfants : «*Ita tamen ut eadem mulier nullam ha-*«*beat licentiam eas res alienandi, vivente marito et matrimonio inter eos cons-*«*tituto, sed fructibus earum ad sustentationem tam sui quam mariti filiorumque,* «*si quos habet, abutatur* (loi 29, C. *de jure dotium*).» Ce qui prouve que l'hypothèque de la femme avait, dans ce cas, un caractère à part et tout exceptionnel.

De ce qui précède il résulte que la femme pouvait négliger, durant le mariage, l'action en revendication pour s'en tenir à son hypothè-

1. Loi unique, C. de rei uxoriæ actione.

que légale. Ce dernier parti ne la privait pas du droit de réclamer sa dot en nature. La loi 29, dans sa disposition finale, le porte : «*Ipsis* «*etiam marito et uxore post matrimonii dissolutionem superdote et ante nuptias* «*donatione pro dotalium instrumentorum tenore integro suo jure potituris.*»

Telle est aussi l'opinion des plus célèbres commentateurs du Droit romain, notamment de Fabre, Code *de jure dotium*, Cujas *recit. solem. C. de rei uxoriæ actione.*

L'ancienne jurisprudence française, qui puisait ses lumières et ses principes dans le Droit romain, surtout en ce qui concerne les questions de dot et de régime dotal, ne pouvait adopter une opinion opposée aux règles de ce dernier droit, et, en effet elle n'a jamais dénié à la femme l'action hypothécaire « *constante matrimonio*, » tout en lui réservant l'action révocatoire; mais elle a dû innover à la loi 29, en accordant à la femme une véritable collocation sur le prix de vente des biens du mari, sauf à prendre des précautions pour assurer la conservation des sommes ainsi attribuées à la femme en garantie de sa dot.

Examinons maintenant ce qu'ont fait à cet égard les rédacteurs du Code Napoléon : par l'art. 1554, ils ont déclaré le fonds dotal inaliénable; en vertu de l'art. 1560, la femme ou ses héritiers peuvent faire révoquer l'aliénation dans le cas où elle a eu lieu au mépris des dispositions de la loi, soit après la dissolution du mariage, soit après la séparation de biens. L'art. 2135 assure à la femme une hypothèque légale pour sûreté de sa dot et des conventions matrimoniales. Enfin, l'art. 2195 défend aux tiers-acquéreurs des biens du mari de faire aucun paiement du prix au préjudice des inscriptions prises, en cas de purge, au profit de la femme, lorsque l'hypothèque de cette dernière prime les autres créanciers.

En présence de dispositions aussi formelles, il nous paraît hors de doute que la femme, outre l'action révocatoire que lui assure l'art. 1560, a encore l'action hypothécaire.

L'on a soutenu que l'hypothèque légale ne protège que la dot mobilière; mais l'art. 2121, qui parle de *droits*, et l'art. 2135, qui parle de la dot et des conventions matrimoniales, ont-ils établi une pareille distinction? *Ubi lex non distinguit, distinguere non debemus.*

L'autorité de Cujas a été invoquée sur cette matière par M. Troplong (t. II, n° 621). En effet, l'opinion du grand jurisconsulte est formulée d'une façon lumineuse en ces termes : «*Data est mulieri pro fundo dotali* «*et pro dote tota quacumque in re consistat, tacita hypotheca, et in ipsis rebus do-* «*talibus et in omnibus rebus mariti ipsius*» (*Recit. solem. de jure dotium* au Code).

Mais en présence des dispositions si formelles du Code Napoléon, il peut paraître superflu d'invoquer les monuments des siècles passés, quel qu'en soit le prestige.

On a mis en avant l'intérêt des créanciers postérieurs du mari; mais le législateur les a avertis qu'ils devaient prendre leurs précautions, et nous leur opposerons les droits bien plus sacrés de la femme et de ses enfants, qui pourront trouver, dans une collocation, une garantie que ne leur offrirait plus un fonds dégradé et avili entre les mains de possesseurs étrangers, ou qui éviteront souvent le remboursement d'impenses et d'augmentations supérieurs à leurs facultés.

On a objecté la possibilité qu'aurait la femme de parvenir à l'aliénation de sa dot, en usant de la faculté de produire à l'ordre ouvert sur les biens du mari, mais nous avons fait ressortir le caractère provisoire de sa collocation *constante matrimonio*, et le devoir imposé aux tribunaux de surveiller l'emploi et la conservation des deniers obtenus au moyen de l'action hypothécaire, soit en autorisant l'acquéreur à les retenir dans ses mains, soit en ordonnant tout autre placement qui mette en sûreté la créance de la femme.

Que si cette dernière, devenue libre par la dissolution du mariage, opte pour la collocation, son droit à demander la révocation de la vente du fonds dotal demeure éteint; si, au contraire, elle renonce à l'hypothèque, pour exercer l'action révocatoire, les créanciers postérieurs du mari, colloqués conditionnellement, viennent prendre une place définitive dans l'ordre, s'ils sont en rang utile.

Une autre question se présente tout naturellement à la suite de la précédente, c'est celle de savoir si la femme, dans le cas où l'aliénation autorisée par le contrat de mariage, à charge de faire emploi, a eu lieu sans que cette condition ait été remplie, jouit néanmoins de l'action révocatoire, indépendamment de son hypothèque légale contre son mari.

Nous n'hésitons encore pas à donner une solution affirmative. En effet, l'aliénation n'en a été permise que d'une manière conditionnelle; du moment que la condition est inexécutée on rentre dans l'hypothèse de la prohibition complète d'aliéner. Permettre d'aliéner à charge de faire remploi, c'est prohiber l'aliénation faute d'emploi. Les raisons de décider sont donc les mêmes, *ubi eadem ratio*, *idem jus*. C'est ce qui a été jugé par un arrêt de la Cour de Grenoble, du 30 juin 1825 (Col. nouv., 8, 2, 105) un arrêt de la section des requêtes de la Cour suprême, du 27 juin 1826 (Sirey, 27, 1, 246), et deux arrêts de la même Cour, des 28 novembre 1828 (Sirey, 38, 1, 963) et 20 juin 1853 (Sirey, 54, 1, 11).

Il a cependant été jugé par un arrêt de la Cour de Grenoble, du 17 décembre 1835 (Aff. Delaley, Sirey, 36, 2. 307), que la femme n'a, au cas précité, que l'action hypothécaire sur les biens du mari ou l'action en paiement du prix contre l'acquéreur. Nous lui reconnaissons l'action révocatoire résultant de l'art. 1560 du Code Napoléon; mais l'acquéreur pourra en paraliser l'effet en offrant le prix. Au premier abord, la différence que nous établissons paraît une subtilité, mais qui ne voit que l'action révocatoire est plus avantageuse qu'une poursuite en expropriation forcée, dont les résultats pourraient être frustratoires pour la femme, si l'immeuble aliéné n'avait que peu d'importance, ou si elle était primée par les autres créanciers de l'acquéreur.

Nous repoussons de même les arrêts de la Cour de Grenoble du 16 août 1832 (Sirey, 32, 2, 559), du 8 mars 1827 (Sirey, 27, 2, 175) et du 12 janvier 1835 (Sirey, 35, 2, 331), dont le premier n'accorde à la femme de recours contre les tiers-acquéreurs, que dans le cas où elle ne trouve pas dans les biens du mari de quoi se remplir de sa créance contre lui, et dont le second et le troisième ne lui attribuent que l'action en révocation.

En effet, le premier de ces arrêts établit au profit des tiers-acquéreurs un bénéfice de discussion qui n'est écrit nulle part dans la loi, et les deux autres doivent être rejetés par toutes les raisons déduites plus haut.

La femme a, pour le remploi de ses biens paraphernaux comme pour ses autres reprises, hypothèque légale sur les biens de son mari, indépendamment de toute inscription.

En effet, l'art. 2121 du Code Napoléon, lorsqu'il accorde à la femme sur les biens de son mari une hypothèque légale pour ses droits et créances, dispose d'une manière absolue et sans distinction; l'art. 2135, plus explicite que le précédent, garantit par cette hypothèque le remploi des propres aliénés, sans parler du régime sous lequel les époux sont mariés; il y a des propres sous tous les régimes, puisque l'on désigne ainsi les biens dont l'un des conjoints a la propriété. En vertu de l'art. 1450, lorsqu'il y a séparation de biens, le mari est garant du défaut de remploi du prix de l'immeuble de la femme, aliéné pendant le mariage, dans le cas où la vente en a été faite en sa présence et de son consentement; cette règle s'étend nécessairement à la vente faite, dans les mêmes circonstances, des paraphernaux de la femme mariée sous le régime dotal, puisqu'à l'égard de ces biens, il y a entre les époux une véritable séparation.

Que si l'on consulte les motifs de la loi, les observations du tribunal et les discussions qui eurent lieu au Conseil d'État lors de l'adoption de l'art. 2135, on y voit avec évidence que le législateur, en faisant des distinctions relatives aux divers droits et créances de la femme, eut pour objet, non de limiter à quelques-uns la dispense d'inscription; mais uniquement de fixer, selon la diversité de leur nature, l'époque à laquelle l'hypothèque qui leur était attribuée, prendrait naissance. Les motifs qui inspirèrent la loi, furent la considération de la dépendance morale de la femme et le désir de ne pas la mettre en opposition d'intérêts et de volonté avec son mari, ce qui l'exposerait au danger de compromettre sa fortune ou la paix domestique.

Ces motifs existent, qu'il s'agisse des biens paraphernaux de la femme ou de ses autres droits : dès lors la solution doit être la même pour les uns comme pour les autres.

Les considérations qui précèdent sont tirées presque textuellement d'un arrêt parfaitement motivé de la Cour de Paris, du 15 janvier 1823 [1], que terminent les conclusions suivantes :

«D'où il suit, que soit que l'on considère isolement le sens littéral «de l'art. 2135 du Code Napoléon, soit qu'on le considère dans ses «rapports avec les autres articles du même Code, soit enfin qu'on en «recherche l'esprit dans les discours des rédacteurs de la loi et dans «les motifs qui les ont déterminés, il est évident que la dispense «d'inscription, accordée à la femme par l'art. 2135, s'applique aux «hypothèques dérivant de ses biens paraphernaux, comme à celles qui «dérivent de ses autres biens, ainsi que la Cour de Cassation l'a dé-«cidé par son arrêt du 11 juin 1822.»

Ainsi, non-seulement la femme a hypothèque légale pour le remploi de ses biens paraphernaux aliénés, mais elle a encore une hypothèque dispensée d'inscription, sans qu'il soit d'ailleurs nécessaire qu'elle prouve par acte, ayant date certaine, que le prix d'aliénation a été versé entre les mains de son mari. C'est ce qu'a jugé la Cour de Cassation (Chambre civ.), le 27 décembre 1832, dans l'affaire Deshoures-Farel, et (Chambre des requêtes), le 9 août de la même année (Sirey, 33, 1, 197).

La même solution s'appliquera aux femmes séparées de biens ou mariées sans communauté.

1. Aff. Mieussens. Sirey, v. 23, 2, 227.

CHAPITRE IV.

De l'époque à laquelle remonte l'hypothèque légale de la femme.

Le projet du Code Napoléon proposait une époque unique pour point de départ à l'hypothèque légale de la femme, mais sur les observations du tribunat qui démontra combien cette mesure favoriserait les fraudes, les législateurs adoptèrent le système de plusieurs époques différentes, suivant les droits divers de la femme.

Les observations du tribunat sont tellement fondées en droit et en logique que nous ne pouvons nous empêcher d'en reproduire textuellement le résumé:

«Les sommes dotales ne doivent avoir d'hypothèque légale lors- «qu'elles proviendront de successions que du jour de l'ouverture de «ces successions, car c'est seulement alors qu'il y a de la part du mari «une administration qui seule peut faire le fondement de l'hypothè- «que. Ce qu'on vient de dire des successions s'applique aux dona- «tions. D'un autre côté, si la femme s'oblige conjointement avec son «mari ou si de son consentement elle aliène des immeubles, elle ne «doit avoir hypothèque sur les biens du mari, pour son indemnité, «dans ces deux cas, qu'à compter de l'obligation et de la vente. Il n'est «pas juste qu'il y ait une hypothèque avant l'existence de l'acte qui «forme l'origine de la créance, et il est odieux que la femme en s'obli- «geant et en vendant postérieurement, puisse primer des créanciers ou «des acquéreurs qui ont contracté auparavant avec le mari. C'était là «une source de fraude qu'il est enfin temps de faire disparaître.»

D'après cela le projet fut modifié et produisit l'art. 2135 actuel.

L'hypothèque légale existe, d'après cet article, au profit des femmes pour raison de leurs dot et conventions matrimoniales, à compter du jour du mariage.

Les art. 2194 et 2195 lui assignent un autre point de départ, et la font remonter au jour du contrat qui règle les conditions civiles de l'union des deux époux.

C'est là une antinomie; à laquelle des deux époques faut-il s'attacher? est-ce à la première, est-ce à la seconde?

Avant de nous prononcer, nous allons exposer les arguments que l'on peut faire valoir en faveur de l'opinion qui fixe le point de départ de l'hypothèque légale au jour du contrat de mariage.

Les rédacteurs du Code appartenaient par leurs études à l'époque antérieure à la révolution de 1789; leur opinion sur cette question assez secondaire et qui ne se rattachait à aucun des principes de droit public qui agitaient alors les esprits, devait donc être conforme à l'ancienne législation et même aux règles du Droit romain; il importe en conséquence d'examiner d'abord quelle solution la question posée recevait de la législation ancienne.

Dans le droit antérieur à Justinien, la femme n'avait d'hypothèque sur les biens du mari que lorsqu'il y avait à cet égard stipulation formelle. Toute convention de cette nature était soumise à une condition tacite et suspensive : *si nuptiæ subsecutæ fuerint.* Cette condition étant mixte de sa nature, produisait un effet rétroactif au jour du contrat qui fixait le rang de l'hypothèque. C'est ce qui résulte de la loi première, *D. qui potior in pignore* : «*qui dotem pro muliere promisit, pignus sive hypothecam de restituenda sibi dote accepit..... non utique solutionum observanda sunt tempora, sed dies contractæ obligationis.*» Il est vrai que dans l'espèce de cette loi, il y avait une hypothèque expresse de stipulée, mais la loi en créant une hypothèque tacite, fait l'office des parties et lui accorde les mêmes effets.

Ainsi en Droit romain l'hypothèque de la femme remontait au jour de la convention *antenuptiale.* Telle est aussi l'opinion de Domat[1], Lamoignon[2], Basnage[3], et de plusieurs autres jurisconsultes célèbres de l'ancienne école française.

1. L. 3, t. Ier, sect. 1, no 3.

2. T. II, p. 132.

3. Basnage, Hyp. chap. 12. Coquille, Quest. 125, p. 207, Édit de 1703. Roussilhe, de la Dot, t. Ier, p. 289.

De là on peut conclure que sous la législation introduite par le Code Napoléon la solution doit être la même.

Il est vrai que l'art. 2135 parle du jour du mariage, mais il est en opposition avec les art. 2194 et 2195, et l'on peut dire que les parties ne faisant très-souvent point de contrat ou ne le faisant que la veille de la célébration, l'article cité indique l'époque qui servira de point de départ habituel à l'hypothèque légale de la femme.

C'est le contrat de mariage qui règle les intérêts pécuniaires des époux et les conventions matrimoniales, c'est lui qui constate la constitution de la dot et en assure l'administration au mari : il est donc tout naturel que l'hypothèque légale pour la dot et les conventions matrimoniales remonte au titre d'où résultent les droits et créances dont elle forme l'accessoire.

Il n'est du reste pas sans exemple, que le législateur ait fait remonter au jour du contrat certains effets du mariage; ainsi la communauté légale ou conventionnelle ne commence qu'au jour de la célébration civile, et cependant l'art. 1404 fait entrer dans la masse commune l'immeuble acquis par l'un des époux dans l'intervalle qui s'écoule entre le contrat de mariage et la célébration.

Ainsi, d'après les principes, l'hypothèque légale pour la dot et les conventions matrimoniales devrait remonter au jour du contrat de mariage. Telle est l'opinion de MM. Tarrible, Rep. v° Inscrip. hypoth., § 3, n° 8; Benoît, t. II, n° 47; Troplong, t. II, n° 577 et suivants.

Nous le reconnaissons volontiers, cette solution est conforme aux principes du droit et à l'ancienne législation, mais nous ne saurions néanmoins l'admettre; la loi est trop formelle, et lorsque son texte est positif, il n'est pas permis de l'éluder.

En effet, l'art. 2135 a pour objet principal et direct de fixer le rang de l'hypothèque légale de la femme, en indiquant l'époque à laquelle elle prend naissance; l'art. 2194 n'en parle qu'incidemment. En outre, le premier de ces articles parle de conventions matrimoniales, dont l'existence même suppose celle d'un contrat de mariage, et malgré cela il donne pour rang à l'hypothèque le jour de la célébration. Cette seconde époque est donc celle adoptée par le législateur, d'autant plus que, dans le langage de la loi, l'expression contrat de mariage peut s'appliquer aussi bien au contrat passé devant l'officier de l'état civil, qui régit l'association des personnes, qu'à celui passé devant le notaire, qui régit l'association des biens, quoiqu'elle soit beaucoup moins usitée dans le premier sens; mais n'ayant en elle-même rien d'impropre, on ne peut supposer légèrement que le législateur soit tombé en contradiction. Quant à l'argument tiré de l'art. 1404, il n'est pas d'un grand poids dans la question, puisqu'il a pour but unique d'empêcher la dénaturation des apports des époux dans l'intervalle du contrat de mariage à la célébration, et de rendre impossible une fraude qui serait trop facile à des époux cupides ou de mauvaise foi[1].

Quel que soit l'opinion que l'on adopte sur la question précédente, lorsque le contrat de mariage a été passé en pays étranger, il est impossible d'y rattacher l'hypothèque. En effet, un contrat fait à l'étranger ne doit pas servir d'auxiliaire à une hypothèque en France, et celle-ci aura nécessairement pour point de départ la célébration du mariage.

Telle était déjà la doctrine enseignée par M. de Lamoignon : «Les «actes et jugements passés et rendus en pays étrangers n'emportent «hypothèque en France, quoique ce fût contrats de mariage ou actes «de tutelle, mais l'hypothèque n'aura lieu que du jour de la célébra«tion du mariage et de la gestion de tutelle.» (Des Hypothèques, art. 25.)

L'hypothèque de la femme mariée, pour sûreté de ses créances dotales, remonte au jour du mariage ou du contrat, selon que l'on adopte

1. MM. Aubry et Rau, sur Zachariæ, t. II, p. 126 et suiv. Persil, sur l'art. 2135, § 2. Grenier, 1, 243. Dalloz, Jurisprud. génér., vo hyp., p. 133, no 2. Rol. deVillargues, Rép. vo hyp., no 392. Duranton, t. XX, no 20. Tessier, de la Dot, t. Ier, no 234, note 1093. Coulon, t. II, p. 23. Dial, 52. Arrêt de la Cour de Nîmes du 26 mars 1833 (aff. Beaumes). Sirey, 34, 2, 90.

l'une ou l'autre des époques ci-dessus mentionnées, lors même que l'on a stipulé des termes pour le paiement; l'art. 2135 ne fait aucune distinction à cet égard, non plus que la loi première au Digeste *qui potiores*. Cependant il a été jugé par un arrêt de rejet de la Cour de Cassation, du 4 janvier 1815[1], que l'hypothèque de la femme pour le remboursement de ses créances recouvrées par le mari prend date, non du jour du mariage, mais seulement du jour de la réception de la créance. Cette décision, qui est conforme à l'opinion de M. Persil[2], a été rejetée depuis par la jurisprudence de la Cour suprême elle-même, ainsi que le constate un arrêt du 5 mai 1841[3].

Les gains de survie assurés à la femme, son douaire, les donations qui lui sont faites par contrat de mariage, en un mot, tout ce qui est compris dans l'acception conventions matrimoniales, sont garantis au même rang que la dot. Mais en est-il de même pour les biens dotaux à venir et les droits éventuels, ou ne faut-il fixer leur rang qu'au jour des réceptions, et ne faire partir du jour de la célébration que l'hypothèque des biens apportés immédiatement au mari.

Cette dernière opinion nous paraît préférable, puisqu'il serait inique d'attribuer une existence à l'hypothèque, droit essentiellement accessoire lorsque le principal n'existe pas encore. Dans l'ancienne jurisprudence, la question partageait les auteurs, et on donnait généralement à l'hypothèque un rang unique, la date du contrat de mariage, lors même que la constitution de dot comprenait des biens présents et à venir. Les sages observations du tribunat ont fait rejeter ce système.

Pour les valeurs dotales qui proviennent de successions échues à la femme pendant le mariage, celle-ci n'a hypothèque qu'à compter du jour de l'ouverture des successions, et pour les objets donnés, seulement à partir du jour où les donations ont eu leur effet, c'est-à-dire

1. Aff. Bellon, Sirey, 15, 1, 200.

2. Quest. t. Ier, p. 261.

3. (Aff. Benoît). Sirey, 41, 1, 48. Troplong, 584 *bis* et suivants, t. II. Tarrible, Répert. Ins. hyp., § 2, n° 9. MM. Aubry et Rau, t. II, p. 126.

du jour où le droit de percevoir les sommes abandonnées à titre gratuit est ouvert, et où le mari en est devenu responsable[1].

On assigne le même rang, sans avoir égard à l'époque de la perception, à toutes les créances non extra-dotales qui dépendent de successions échues à la femme ou de donations à elle faites pendant le mariage[2].

En effet, l'art. 2135, § 3, ne doit pas être dans son application restreint au régime dotal; il s'agit, en effet, dans ce paragraphe des sommes que le mari, comme administrateur, a le droit de percevoir, quel que soit le régime du mariage, et l'on sait que, sous la communauté comme dans le cas de l'art. 1530, la dot comprend tous les biens de la femme dont le mari a la gestion, qu'ils soient constitués ou non, puisque son droit est le même sur les uns et sur les autres.

Enfin l'hypothèque ne court, pour l'indemnité des dettes ou le remploi des propres aliénés, qu'à partir du jour des obligations ou des ventes.

Nous avons déjà dit que l'art. 2135 ne renfermait pas une énumération complète des droits de la femme garantis par l'hypothèque légale; ses dispositions ne sont qu'énonciatives : elles doivent donc être appliquées par analogie aux cas non prévus par la loi.

Ainsi, la femme a hypothèque du jour de son mariage :

1° Pour les sommes qui lui reviennent par suite d'une action rescisoire existant déjà lors du mariage, et qui se trouvait comprise dans la dot, ainsi que pour le remboursement fait au mari des créances dotales : *Qui habet actionem ad rem recuperandam, ipsam rem habere videtur*[3].

1. Voir Dalloz, Jurisprud. générale, p. 133, n°s 4 et 5 (hyp.). Persil, sur l'art. 2135, § 2. n° 7. Bellot des Minières, C. de mar., t. I, p. 343. Tarrible, Rép. Insc., p. 204. MM. Aubry et Rau, t. II, p. 126.

2. Cassat. rejet, 5 mai 1841 (aff. Benoît). Sirey, 41, 1, 448. *Sic* Tarrible, Rép. v° Insc. hyp., § 3, n° 9, Troplong, t. II, n°s 575 et 586. Persil, art. 2135, n° 7.

3. MM. Aubry et Rau, t. II, sur l'art. 2135. Dalloz, Jurisprud. générale, p. 134, n° 8. Contra Grenier, t. I, 233. Troplong, t. II, 587. Tarrible, Rép. Insc. hyp., § 3, n° 10. Delvincourt, t. III, p. 329. Persil, art. 2135, n° 10 et suivants.

Si, par exemple, une femme apporte en mariage une créance provenant d'une succession antérieurement échue, et que, plus tard, par l'exercice d'une action en rescision pour cause de lésion, elle obtient un supplément d'un cohéritier; elle jouira pour ce supplément de la même hypothèque que pour le surplus de son lot. — Un pareil droit n'a certainement pas d'analogie avec les successions postérieurement ouvertes, et n'est pas éventuel dans la même acception du mot. L'action forme un droit actuel.

2° Pour les sommes qui reviennent à la femme par suite de l'exercice de la part d'un tiers d'un droit de réméré sur un des immeubles par elle apportés en mariage, lorsque la femme s'est constitué en dot ses biens présents et à venir. En effet, pour la conservation de l'immeuble la femme avait hypothèque dès le jour de son mariage, et si le mari l'eût vendu, elle aurait pu être colloquée sur ses biens pour la valeur de la propriété à cette date. Or, le prix représente la chose, la raison de décider est donc la même[1].

3° Pour le prix de rachat des rentes perpétuelles que la femme s'est constituées en dot. Dans ce cas, il n'y a pas aliénation volontaire de propres, mais remboursement forcé[2].

L'hypothèque accordée à la femme pour l'indemniser des dettes contractées par elle solidairement avec son mari a fait naître plus d'une controverse. Dans l'ancien Droit on la faisait remonter au jour du contrat de mariage. Déjà Lamoignon s'était prononcé contre cette injustice (t. II, p. 134), que les rédacteurs du Code Napoléon ont fait disparaître.

Mais pourrait-on convenir du moins par contrat de mariage que l'hypothèque remonterait au jour de la célébration? Non, car c'est un motif d'ordre public qui a fait introduire cette disposition, qui a mis fin à une source de fraudes et a remédié à un usage odieux. Lors

1. Troplong, t. II, p. 587.
2. Grenier, t. Ier, nos 233, 500. Troplong, t. II, ibid.

même que les tiers ont la faculté de se faire représenter le contrat, ils ne seraient pas à l'abri des manœuvres dolosives de deux époux de mauvaise foi, d'abord parce que l'on peut ignorer si des époux mariés avant l'exécution de la loi du 10 juillet 1850 ont fait des conventions matrimoniales, ensuite parce que la précaution indiquée serait insuffisante pour protéger les autres hypothèques légales et les hypothèques judiciaires si nombreuses aujourd'hui[1].

L'hypothèque légale de la femme pour les dettes qu'elle a contractées avec son mari, prenant naissance à l'époque de chacune de ces dettes, ne peut être réputée indivisible lorsque de fait il y a plusieurs engagements souscrits par elle à différentes époques. Dès lors le tiers qui a pris hypothèque sur les biens du mari à une époque postérieure à une première dette de la femme, mais antérieure à une autre, doit être primé par l'hypothèque légale résulant de la première dette, mais doit primer celle qui est née de la seconde obligation[2].

Pour le remploi des propres aliénés sous le régime de la communauté, l'hypothèque de la femme prenait aussi rang autrefois à partir du jour du contrat de mariage; cela était peu logique, ainsi que nous l'avons déjà démontré plus haut à l'égard de l'indemnité de dettes, d'autant plus que la condition d'aliéner, qui forme la base de cette hypothèque, est purement potestative de la part du débiteur, et ne doit dès lors pas avoir de rétroactivité. L'art. 2135 a modifié cet ordre de choses. Mais faut-il pour cette raison l'appliquer à l'aliénation du fonds dotal par le mari, lorsque les époux ont adopté les dispositions des art. 1540 et suivants du Code pour régime de leur union.

Cette question est l'une des plus importantes de cette thèse; mais nous n'hésitons pas à lui donner une solution négative, et dans ce

1. Grenier, t. Ier, no 282 in fine. Troplong, t. II, no 588 *bis*. Arrêt de cass., 26 fév. 1829. Dal. 29, 1, 161. Contra Delvincourt, t. III, no 7, p. 165. Dalloz, Hyp., p. 123, note.

2. Cour de Cassation, arrêt du 16 novembre 1829 (aff. Boismaraud). Sirey, 30, 1, 306.

cas, nous attribuons à l'hypothèque un effet rétroactif au jour du mariage.

Le mari, en aliénant le fonds dotal, viole la loi du contrat qui a déclaré le fonds inaliénable, dès lors il encourt la responsabilité à laquelle il s'était soumis par les conventions anté-nuptiales. Au surplus, de quoi se plaindrait-il, puisque l'hypothèque de la femme grevait ses biens antérieurement à la vente du fonds dotal dont l'aliénation ne produit pas l'hypothèque, et donne simplement naissance au droit d'en user.

Cette solution a été consacrée par un arrêt de la Cour de Grenoble, du 6 janvier 1831, dans une espèce très-peu favorable, lorsque l'aliénation par le mari avait été autorisée par contrat de mariage [1].

Elle s'applique également au cas où la vente du fonds dotal a eu lieu à charge de remploi, si ce remploi n'a pas été effectué; la conservation de la dot étant une charge dont le mari a été grevé dès l'instant du mariage, la sûreté des sommes qui la remplacent doit remonter à la même époque [2].

Mais le droit qu'une femme peut avoir à exercer contre son mari pour les indemnités qui lui seraient dues à raison de l'échange de ses biens effectué par celui-ci, n'est acquis et ouvert qu'à la dissolution du mariage. C'est alors seulement qu'un pareil échange peut faire l'objet d'un examen éclairé de la part de la femme, qu'elle peut opter entre le droit de l'accepter ou de le faire annuler. Par suite, elle n'est pas admise pour cette indemnité à produire, durant le mariage, dans l'ordre ouvert pour la distribution du prix des biens de son mari [3].

1. (Aff. Barge). Sirey, 33, 2, 200. *Sic* Troplong, t. II, n° 589 *bis*.

2. C'est ce qui a été jugé par un arrêt de la Cour de Grenoble du 30 juin 1825. Col. nouv. 8, 2, 105, et par un arrêt de la Cour de Cassation, sect. des requêtes, du 27 juillet 1826 (aff. Durand). Sirey, 27, 1, 148. *Sic* M. Benech, du Remploi, p. 249, et MM. Rodière et Pont, du Contrat de mariage, t. II, n° 677. Troplong, ibid. Cependant le contraire a été jugé par un arrêt de la Cour de Caen du 7 juillet 1851, qui, dans ce cas, ne fait remonter l'hypothèque qu'au jour de la vente. Sirey, 52, 2, 72.

3. Cassat. rejet, 3 août 1848. Sirey, vol. 49, 1, 71.

Quelle date faut-il assigner à l'hypothèque pour les biens paraphernaux ou extra-dotaux et d'abord pour les créances de cette nature?

Il faut distinguer : ou le mari a reçu par les conventions anténuptiales le pouvoir de les toucher, et alors l'hypothèque remonte au jour du mariage [1]; ou bien il en est administrateur en vertu d'un mandat postérieur au mariage, ou, enfin, il s'en est emparé despotiquement, et alors l'hypothèque ne remonte qu'à l'époque de la réception des sommes, et naît avec l'obligation personnelle dont elle est l'accessoire [2].

Cette solution est fondée sur la loi 11 au *C. de pact. convent. super dote* : «*Si mulier marito suo nomina, id est fœneratitias cautiones quæ extra do-*«*tem sunt, dederit ut loco paraphernorum apud maritum maneant et hoc dotali* «*instrumento fuerit adscriptum, si quidem in dotali instrumento hypothecæ pro* «*his nominatim a marito scriptæ sunt his esse mulierem ad cautelam suam con-*«*tentam, sin autem minime hoc scriptum inveniatur : ex præsenti nostra lege* «*habeat hypothecam contra res mariti ex quo pecunias exegit.*»

Pour le remploi des paraphernaux aliénés, l'hypothèque légale prend rang, comme au cas d'aliénation de tous les autres propres de la femme, non soumis au régime dotal, à compter du jour de la vente et non pas seulement du jour où le mari a reçu le prix; l'art. 2135 ne distingue pas [3]. Il en était de même autrefois en pays de droit écrit, soit d'après la loi ultième au *C. de pactis conventis*, soit d'après les meilleurs auteurs, soit d'après la jurisprudence, à moins qu'on n'eût stipulé une époque antérieure par contrat de mariage [4]. Aujourd'hui une pareille stipulation serait sans effet; les arguments produits plus haut à propos du rang attribué à l'hypothèque pour l'indemnité des dettes, s'appliquant avec la même force au cas actuel.

1. MM. Aubry et Rau, t. II, p. 126 et suiv. Dalloz, 1826, 1, 431. Contra Troplong, t. II, 590.

2. MM. Aubry et Rau, loc. cit. Troplong, idem.

3. Montpellier, 13 décembre 1833 (aff. Vignan). Sirey, 34, 2, 359. Toulouse, 7 avril 1829 (aff. Durand). Sirey, 30, 2, 31.

4. Lyon, 21 août 1832 (aff. Bordeaux). Sirey, 33, 2, 118.

La Cour de Toulouse, par un arrêt du 4 juin 1816 [1], a jugé que l'expression de *biens propres* ne comprend que les immeubles de la femme commune exclus de la communauté, que d'après cela l'hypothèque légale pour remploi de paraphernaux n'a pas lieu du jour de la vente, mais seulement du jour de l'inscription prise au bureau des hypothèques. Cette décision pêche par sa base. L'expression dont il s'agit a un sens beaucoup plus large, ainsi que nous l'avons expliqué plus haut, et s'applique à tous les immeubles dont la femme a la propriété.

Il nous reste à traiter sous ce paragraphe une question transitoire, à laquelle a donné lieu la disposition finale de l'art. 2135, portant : «Dans aucun cas la disposition du présent article ne pourra préjudi«cier aux droits acquis à des tiers avant la publication du présent «titre.»

Une femme mariée sous l'empire d'une loi ou d'une convention qui lui assurait hypothèque à la date du mariage pour toutes ses reprises, pour l'indemnité de ses dettes et le remploi de ses propres aliénés, doit-elle être colloquée, à cette date, même pour les créances nées postérieurement au Code, et nonobstant la disposition de l'article cité, qui fixe le rang des hypothèques d'après la date des créances et des aliénations.

Pour soutenir l'affirmative, on a dit que les droits résultant d'un contrat de mariage, ou même de tout contrat quelconque, sont hors des atteintes de la loi postérieure, quand même ils ne seraient qu'éventuels; qu'à défaut de contrat de mariage, la loi seule emporte le même effet; que la garantie offerte à la femme à l'époque de son mariage pour le remploi de ses propres aliénés et pour indemnité de dettes, forme pour elle un droit acquis, sur lequel elle a dû compter, et qui participe du principe de l'irrévocabilité des conventions matrimoniales; que l'art. 2135 n'a parlé que pour les mariages

1. (Aff. Flottes). Sirey, 18, 2, 44.

à venir, et que, décider le contraire, ce serait lui donner un effet rétroactif; que la jurisprudence ancienne, qui fixait au jour du contrat de mariage l'hypothèque légale de la femme, n'avait pas été abrogée par la loi du 11 brumaire an VII, dont le but était simplement d'imposer la nécessité de l'inscription; que le dernier paragraphe de l'art. 2135 donne une nouvelle preuve du respect du législateur pour les droits acquis; que les créanciers qui ont prêté des deniers, ou les tiers qui ont acquis les biens du mari, pouvaient s'assurer de l'étendue des facultés de ce dernier en consultant son contrat de mariage, ou, à défaut de convention expresse, la loi ou la coutume, sous l'empire desquelles il s'était marié, que dès lors ils devaient accuser leur propre incurie des suites funestes de leurs transactions.

Cette opinion a été adoptée par les auteurs cités en note[1]; elle a été sanctionnée par divers arrêts de la Cour de Cassation[2] et de plusieurs Cours d'appel, même dans des espèces où la femme n'avait pas pris inscription, sous la loi du 11 brumaire an VII, sauf dans ce cas les droits acquis à des tiers, qui s'étaient conformés à cette loi[3].

Malgré l'autorité des auteurs cités et le nombre des arrêts prononcés dans ce sens, nous n'hésitons pas à adopter la négative.

D'abord la disposition finale de l'art. 2135 parle non pas des droits acquis aux femmes mêmes, mais au contraire de ceux des tiers, qui ont pris inscription sous l'empire de la loi de brumaire au VII, sans quoi on eût dû adopter une rédaction un peu différente et dire : «en aucun cas la disposition du présent article ne portera atteinte aux droits des femmes mariées avant sa publication.

1. Troplong, t. II, nº 630. Dalloz, Hyp., p. 125. Tessier, de la Dot, t. II, p. 2, nº 134. Duranton, t. XIX, nº 297.

2. Rejet, 23 juin 1824. Col. nouv., 7, 1, 183; 10 février 1817. Sirey, 17, 1, 1, 185. Rejet, 10 janvier 1827. Sirey, 27, 1, 120. Sect. civile, 26 janvier 1836. Sirey, 36, 1, 99.

3. Poitiers, 18 juin 1838. Sirey, 38, 2, 442. Rouen, 19 mai 1835. Sirey, 35, 2, 276. Paris, 26 mars 1836. Sirey, 36, 2, 209. Metz, 18 juillet 1820. Sirey, 21, 2, 365. Colmar, 14 mai 1821 (aff. Weingand). Sirey, 21, 2, 251.

C'est ce que l'on n'a pas fait, et c'est même ce qu'il était parfaitement inutile de faire, puisqu'une loi nouvelle ne pourrait porter atteinte aux droits acquis sans rétroagir.

Aussi la seule chose à examiner est celle de savoir, s'il y a droit acquis pour une femme avant qu'elle ait souscrit des engagements solidaires avec son mari, avant que les biens ne soient aliénés, par cela seul que le contrat ou une loi antérieure fixaient l'hypothèque légale au jour du mariage, pour toutes les reprises quelles qu'elles fussent : c'est ce qu'il nous semble difficile d'admettre.

L'hypothèque, n'étant que l'accessoire d'une créance, ne peut exister avant cette créance elle-même, à moins qu'elle ne soit conditionnelle ; dans ce cas, la condition accomplie a un effet rétroactif au jour du contrat, si elle est casuelle ou mixte ; si, au contraire, elle est potestative, elle ne rétroagit pas au préjudice des droits conférés à des tiers. C'est ce que porte la loi 9 au *D. qui potiores* : «*Amplius etiam sub* «*conditione creditorem tuendum putabat*, *adversus eum cui postea quicquam de*-«*beri cœperit, si modo non ea conditio sit quæ invito debitore impleri non pos*-«*sit*[1].»

En matière d'ouverture de crédit, il y a rétroactivité dans l'effet de l'hypothèque, parce qu'il y a obligation réciproque d'emprunter et de prêter, et que d'ailleurs l'engagement du créditeur est actuel ; au contraire, l'hypothèque consentie par un propriétaire pour le cas où il voudrait emprunter par la suite, ne donnerait aucun droit au créancier futur, puisque la condition de l'hypothèque serait purement potestative de la part du débiteur, et telle est précisement la stipulation insérée dans un contrat de mariage, pour le cas où la femme contracterait par la suite des obligations avec son mari.

Une semblable stipulation formait une simple expectative et restait une lettre morte, jusqu'à ce que la femme se fut obligée. Le droit hypothécaire ne tirait sa validité et son existence que de l'engagement,

1. Voir aussi Loi 4, D. quæ res pignori.

et n'était pas acquis à la femme à la date de son mariage, puisqu'un droit accessoire ne peut précéder le principal dont il suit le sort, et nous avons vu que, d'après la nature de la condition toute potestative, apportée à l'hypothèque, il ne pouvait y avoir de rétroactivité au jour de la convention.

La loi a donc parfaitement bien pu régler le rang de l'hypothèque pour les indemnités de dettes et le remploi des biens propres dans tous les cas où la créance de la femme pour ces objets n'existait pas encore.

Que si l'on consulte l'exposé des motifs de la loi sur cette matière, il en ressort avec évidence la conformité de l'intention du législateur avec l'opinion que nous avons embrassée.

Nous avons, disait M. Treilhard, mis un terme à cet abus en fixant l'hypothèque aux époques des obligations.

«On ne verra plus, dit M. Grenier, au tribunat une femme rechercher, par un effet vraiment rétroactif, des acquéreurs du mari ou primer des créanciers de celui-ci, quoique les uns et les autres eussent un titre antérieur à l'acte qui faisait naître la créance de la femme.»

L'abus contre lequel s'élève avec tant de raison M. Grenier, eût-il cessé, s'il avait dû subsister pour tous les mariages antérieurs à la promulgation du Code? Certainement non; et d'ailleurs les femmes se sont trouvées averties; elles ont dû prendre leurs précautions avant de souscrire des engagements ou de consentir à des aliénations; cela leur était facile, tandis que les créanciers et les tiers-acquéreurs seraient dans le système opposé, à la merci du plus ou moins de bonne foi de leurs débiteurs.

Nous ajouterons, pour terminer cette discussion déjà trop longue, qu'appliquer, d'une part, aux femmes mariées avant le Code, la dispense d'inscription résultant de l'art. 2135, et repousser, d'autre part, la disposition qui fixe le rang de l'hypothèque, pour le remploi et les indemnités de dettes, c'est scinder d'une façon toute gratuite une loi qu'il faut exécuter dans son ensemble et telle qu'elle est conçue; un pareil procédé est contraire à tous les principes[1].

En ce qui concerne les successions échues à la femme, l'hypothèque doit remonter au jour du mariage, lorsqu'elle s'est mariée sous l'empire d'une convention, d'une coutume ou d'une loi qui lui assurait ce rang, parce qu'elle est soumise, dans ce cas, à une condition casuelle qui, par sa nature, rétroagit, ainsi qu'on l'a établi plus haut.

CHAPITRE V.

Des biens sur lesquels frappe l'hypothèque légale des femmes mariées.

L'hypothèque légale des femmes mariées grève tous les biens présents et à venir du mari (art. 2122); mais elle peut être restreinte ou réduite, ainsi que nous le verrons plus loin, en conformité des art. 2140 et 2144 du Code Napoléon.

De ce que l'hypothèque légale frappe les biens présents et à venir, il faut conclure qu'elle s'étend même aux biens advenus au mari depuis la dissolution du mariage[2]. Mais est-elle, dans ce cas, dispensée d'inscription? Les arrêts mentionnés en note l'ont décidé ainsi. M. Duranton (art. 218, 327), n'admet pas cette solution: «Nous croyons, dit-«il, que la loi, qui est censée prendre inscription pour la femme, le «mineur ou l'interdit, pendant le mariage ou la tutelle, à cause de «l'état de dépendance ou d'impuissance dans lequel ils se trouvent

1. L'opinion qui précède a été admise par un arrêt de la Cour d'Angers du 29 août 1814. Sirey, 15, 2, 73; par un arrêt de la Cour de Cassation du 7 mars 1816. Sirey, 17, 1, 145; enfin, par un arrêt de la Cour de Paris du 13 janvier 1834, Sirey, 34, 2, 181, Cassé, il est vrai, le 12 août 1834. Sirey, 34, 1. 693. Elle est professée par MM. Merlin, Rép. v° Effet rétroactif, sect. 3, § 3, art. 2, et Rente constituée, § 12, art. 3: Grenier, Hyp., t. Ier, n° 239.

2. Cour Cassat., 17 juillet 1844. Sirey, 44, 1, 641. Lyon, 23 novembre 1850, Sirey, 51, 2, 87. *Sic* Duranton, t. XIX, n° 327.

«vis-à-vis du mari ou du tuteur, n'est plus censée opérer de la même «manière sur les biens acquis par ces derniers depuis la mort de la «femme ou la fin de la tutelle, arrivée par la mort du mineur ou de «l'interdit. Le droit d'hypothèque existe bien sur ces immeubles, mais «il n'existe pas indépendamment de toute inscription, puisqu'il n'y a «plus de mariage ni de tutelle, par conséquent plus de femme ou de «mineur à protéger d'une manière spéciale.»

L'opinion du savant professeur nous semble en désaccord avec le système de notre législation hypothécaire, dans lequel hypothèque légale et dispense d'inscription sont deux choses corrélatives et inséparables; l'existence de l'une entraîne celle de l'autre.

Elle existe de plein droit sur les biens des maris mineurs, auxquels on ne peut appliquer, dans ce cas, la disposition de l'art. 2126 relative aux hypothèques conventionnelles. Telle était déjà anciennement l'opinion de Voët, tit. *de rebus eorum qui sub tutela* : «*Diversum est si de* «*pignore non conventionali, sed legali quæstio fit, quippe quo etiam pupillaria* «*bona gravari posse obtinuit.*»

Sous la Coutume de Paris, lorsque le mari aliénait les conquêts de la communauté, ces conquêts ne restaient pas soumis à l'hypothèque légale de la femme (art. 220). Aujourd'hui, en présence des termes généraux de l'art. 2122 du Code Napoléon, il n'en est plus de même.

L'hypothèque légale frappe même les immeubles que le mari a acquis et revendus pendant la communauté; mais pour cela il faut supposer :

1° Le défaut de concours de la femme à la vente, sans quoi elle serait obligée à la garantie envers l'acquéreur, de même que son mari;

2° Qu'elle ait renoncé à la communauté, sinon elle est censée avoir concouru aux aliénations du mari en qualité de covenderesse, et dans l'un et l'autre cas,son action contre le tiers-détenteur serait infailliblement repoussée par le principe constant : *quem de evictione tenet actio, eumdem agentem, repellit exceptio.*

Mais, du moment que la femme renonce à la communauté, elle est censée n'avoir jamais été propriétaire des biens qui la composaient, et doit avoir hypothèque sur ces biens comme sur tous les autres immeubles présents et à venir du mari, car alors le fait du mari aliénateur n'est pas réputé le fait de la femme[1].

On oppose en vain l'art. 1421 du Code Napoléon, qui constitue le mari seul maître de la communauté, et lui donne la libre disposition des biens qui en dépendent; l'hypothèque de la femme n'empêche pas le mari d'en disposer et ne le gêne en rien dans l'exercice de ses droits comme chef de l'union conjugale, sauf aux tiers à prendre leurs précautions.

On objecte encore en vain que la communauté est, comme toutes les sociétés, un être moral, sur les biens duquel un des associés ne peut acquérir des droits particuliers préférables à ceux des créanciers de la société. D'abord les auteurs et la jurisprudence sont loin d'admettre avec unanimité ce qui forme la base de cet argument, et la communauté, fût-elle un être moral, ne s'écarterait pas moins par un caractère distinctif de toutes les autres sociétés, puisqu'à la différence de celles-ci, elle peut s'évanouir par le seul effet de la volonté de l'un des associés, par la renonciation de la femme. Dans ce cas, l'être moral est censé n'avoir jamais existé, et l'on ne peut vouloir que l'hypothèque légale ne frappe pas des biens qui, par l'événement de la condition, ont toujours appartenu au mari seul.

Telle était déjà l'ancienne jurisprudence, et l'on chercherait inutilement dans le Code la trace d'un changement de volonté de la part de ses rédacteurs.

1. Paris, 12 décembre 1816. Sirey, 17, 2, 228. Orléans, 14 novembre 1817. Sirey, 19, 1, 216. C. Cassat., 9 novembre 1819. Sirey, 20, 1, 118. Rouen, 11 mars 1846 (aff. Lemarcis). Sirey, 46, 2, 503. Grenier, t. Ier, n° 248. Toullier, t. XII, n° 305. Duranton, t. XIV, n° 516, et t. XIX, n° 330. Troplong, Hyp., n° 433 *ter*. MM. Aubry et Rau, t. II, § 264, note 20. Contra Persil, Rép. hyp. art. 2121, n° 10, et Quest., p. 233. Delvincourt, t. III, n° 9 de la page 159. Pont et Rodière, C. de mar. t. Ier, n° 888. Valette, Priv. et hyp., t. Ier, p. 258.

Il importe peu d'ailleurs que les conquêts de la communauté aient été achetés et revendus comme objets de spéculation[1].

Les opérations de cette nature ne rentrent pas dans l'énumération des actes de commerce faite par les art. 632 et suivants du Code de Commerce.

L'hypothèque légale de la femme sur les conquêts de la communauté est si bien reconnue par la jurisprudence, qu'elle peut même se faire colloquer sur le prix de vente de ces biens avant la dissolution du mariage ou la séparation de biens, sauf aux juges à ordonner la consignation du prix jusqu'à concurrence du montant des reprises de la femme, pour être ultérieurement touché par elle en cas de renonciation[2]. L'acceptation de la communauté a, au contraire, pour effet d'affranchir définitivement les acquêts de l'hypothèque légale[3].

La même doctrine est applicable en matière de société d'acquêts, lorsque les époux ont adopté le régime dotal; les motifs sont les mêmes, elle s'applique également en ce qui concerne l'immeuble ameubli, toujours en supposant que la femme n'ait pas concouru à la vente et qu'elle ait renoncé[4].

Une exception importante est apportée par l'art. 563 du Code de Commerce à la règle qui soumet à l'hypothèque légale tous les biens présents et à venir du mari lorsque celui-ci est commerçant au moment de la célébration du mariage, ou lorsque, n'ayant pas alors d'autre profession déterminée, il devient commerçant dans l'année. Dans ces deux cas il n'y a d'affecté à l'hypothèque de la femme que les immeubles dont le mari était propriétaire à l'époque de la célébration du mariage, et ceux qui, pendant sa durée, lui échoient à titre gratuit, c'est-à-dire par successions, donations entrevifs ou testamentaires. Tous les autres biens acquis par lui à titre onéreux durant le

1. Cassat., 8 novembre 1813. Sirey, 20, 1, 120.
2. Rouen, 11 mars 1846 (aff. Lemarcis).
3. Cassat. rejet, 16 février 1848 (aff. Mandion). Sirey, 46, 2, 303.
4. Duranton, t. XV, nº 76; t. XIX, nº 320. Paris, 31 août 1810. Sirey, 17, 2, 397.

mariage, qu'il soit marié sous le régime de la communauté ou non, sont affranchis de plein droit de l'hypothèque légale. L'art. 563 du Code de Commerce ne doit d'ailleurs pas être restreint au cas de déclaration de faillite du mari. Il est applicable même au cas où le commerçant, ayant été exproprié par les créanciers, ses biens ne suffisent pas pour payer ses dettes; les motifs de la loi sont identiques dans la première et la seconde hypothèse[1] : ainsi que le prouvent les discussions auxquelles l'article précité a donné lieu au Conseil d'État. On a voulu, en effet, que les acquisitions d'immeubles faites par le mari devinssent la garantie des créanciers, et que la femme ne pût enlever à ceux-ci leur gage au moyen de reconnaissances simulées d'une forte dot ou d'avantages excessifs portés au contrat de mariage. Les acquisitions faites par le mari durant la société conjugale sont présumées provenir des deniers des créanciers, et dès lors admettre la préférence de la femme, ce serait lui procurer un avantage immérité au détriment d'autrui.

L'application de notre article cesse quant il s'agit d'une femme qui a épousé un commerçant avant la promulgation du Code de Commerce. Alors l'hypothèque s'étend tout à la fois sur les biens que le mari possédait à l'époque du mariage et sur ceux qu'il a acquis depuis à titre gratuit ou onéreux[2]. Sans quoi la loi produirait un effet rétroactif; car l'on peut supposer avec raison que la femme n'aurait pas épousé un commerçant, si, au temps du mariage, une disposition analogue s'était rencontrée dans la loi ou coutume alors en vigueur.

Les immeubles *acquis* par une société de commerce sont-ils grevés par l'hypothèque légale des femmes des associés tant que la société n'est pas dissoute? Non, et cela bien que les mariages aient eu lieu antérieurement à la formation de la société. C'est un corps moral qui est alors propriétaire des immeubles, sans que ses membres y aient, *ut singuli*, un droit transmissible ou une copropriété susceptible d'hy-

1. Grenoble, 20 janvier 1831. Sirey, 32, 2, 319.
2. Bourges, 19 juin 1824. Coll. nouv., 17, 2, 385.

pothèque. Jusqu'à la dissolution, le mari n'a qu'une simple expectative de devenir propriétaire. Cette doctrine résulte de la combinaison des art. 1845, 1846, 1847 et 1852 du Code Napoléon; elle est enseignée par M. Pardessus, dans son Traité de Droit commercial (t. IV, p. 165).

Mais la société une fois dissoute, chacun de ses membres obtient des droits particuliers qui sont immédiatement soumis à l'hypothèque légale des femmes; si, après la liquidation ou le partage, un des sociétaires reçoit dans son lot l'immeuble acquis par la société, l'hypothèque de la femme, en tant qu'elle avait un objet, remonte bien à l'époque de la dissolution en vertu des art. 883 et 1872 du Code Napoléon, mais non à l'époque de l'acquisition de l'immeuble par la société, parceque l'indivision a commencé seulement alors, et qu'auparavant c'était le corps moral distinct de la personne des sociétaires qui avait seul la propriété, ainsi qu'on l'a dit à l'instant[1].

Lorsque le mari échange un de ses immeubles, l'hypothèque légale de la femme s'étend sur le bien acquis et sur le bien cédé. En effet, elle suit l'immeuble donné en échange entre les mains du tiers, puisqu'une pareille aliénation n'a pas pour conséquence de la faire cesser; un tel effet n'est écrit nulle part dans la loi; l'immeuble reçu en échange est un bien à venir qui, en cette qualité, est également affecté. A quel contrat assimiler d'ailleurs l'échange avec quelque raison, sinon à une vente qui est également un contrat commutatif. Or, l'immeuble vendu reste, de l'avis de tout le monde, soumis à l'hypothèque légale; l'échangiste, ainsi qu'un autre acquéreur quelconque, ne peut donc être à l'abri des hypothèques légales qu'en purgeant le fonds acquis suivant les formes voulues par les art. 2193 et suivants du Code Napoléon. Cette opinion est enseignée par M. Troplong (t. II, nº 434 *bis*); elle a été adoptée par un arrêt de la Cour de Cassation du 9 novembre 1815[2].

1. Cass. rejet, 10 mai 1831. Sirey, v. 31, 1, 202. *Sic* Teissier, t. II, nº 137. Troplong, t. II, nº 434. Persil, Quest., p. 240, t. Ier.

2. Sirey, 16, 1, 151. Voir contra Grenier, t. Ier, nº 206.

Lorsqu'un immeuble a été donné entre vifs avec stipulation du droit de retour au profit du donateur en cas de prédécès du donataire seul ou du donataire et de ses enfants, si la condition résolutoire se réalise, elle a pour effet de faire revenir les biens au donateur francs et quittes de toutes charges et hypothèques. Cependant, l'art. 952 du Code Napoléon établit une exception à l'égard de l'hypothèque de la dot et des conventions matrimoniales, mais seulement si les autres biens du donataire sont insuffisants pour remplir la femme de ses droits, et alors que la donation a été faite par le même contrat de mariage duquel résultent ces droits et hypothèques.

Une autre disposition également remarquable est celle de l'art. 1054 du Code précité, d'après laquelle les femmes des grevés de restitution ne peuvent avoir sur les biens à rendre aux substitués de recours subsidiaire en cas d'insuffisance des biens libres que pour le capital des deniers dotaux et dans le cas seulement où le testateur ou le donateur l'a expressément ordonné.

L'hypothèque générale de la femme ne s'étend pas à l'immeuble sur lequel le mari n'a qu'un droit de réméré, lors même que celui-ci vend cette action parce qu'il n'a qu'un *jus ad rem*. L'acquéreur est seul propriétaire de l'immeuble ; il peut l'hypothéquer ; mais si le vendeur exerce la faculté de rachat, il y a résolution *ex tunc* et l'hypothèque légale vient s'asseoir sur l'immeuble [1]. Que si le mari vend son action en fraude des droits de la femme, celle-ci peut, comme tout créancier, trouver un recours dans l'exercice de l'action Paulienne.

1. Cassat., 21 décembre 1825. Dalloz, 26, 1, 43. Troplong, t. II, nº 435.

CHAPITRE VI.

Inscription de l'hypothèque légale de la femme mariée.

Nous avons démontré par la combinaison des art. 2135, 2140, 2193 et 2195 du Code Napoléon, que toutes les créances de la femme contre son mari, qu'elles soient dotales ou non, que tous les avantages à elle assurés par contrat de mariage sont garantis par l'hypothèque légale.

Nous disons maintenant que pour toutes ces créances l'hypothèque est dispensée d'inscription.

§ 1. *De la dispense d'inscription.*

En effet, la disposition de l'art. 2121 comprend dans la généralité de ses expressions les sommes quelles qu'elles soient dont le mari est débiteur envers sa femme. L'art. 2135, qui établit la dispense d'inscription, ne doit pas être considéré comme moins étendu; car, en désignant les droits qui appartiennent à la femme soit à compter du jour du mariage, soit pendant le mariage, ce dernier article n'a pas eu pour but de restreindre la dispense d'inscription aux reprises qu'il énumère, mais seulement de fixer la date de l'hypothèque; c'est pourquoi le législateur, lorsqu'il détermine, non plus le rang, mais les effets de cette hypothèque dans les art. 2140 et 2198, parle en termes généraux de la dot, des reprises et conventions matrimoniales, expressions qui comprennent toutes les créances quelconques d'une femme sur les biens de son mari; et il devait en être ainsi, puisque le principe même de l'hypothèque légale et du privilége qui la dispense d'inscription, réside en grande partie dans l'état de dépendance de la créancière vis-à-vis de son débiteur.

Quant à l'art. 2134, en soumettant les hypothèques légales à la formalité de l'inscription, il n'a entendu parler que de celles de l'état des communes et des établissements publics ; à l'égard des femmes mariées, c'est l'art. 2135 qui seul est le siége de la matière, et cet article les affranchit généralement de l'obligation de s'inscrire.

L'hypothèque légale n'étant pas un privilége purement personnel, mais un droit inhérent à la nature de la créance, les femmes qui deviennent veuves, ainsi que leurs héritiers ou représentants, en jouissent avec dispense de l'inscription, tant que leurs créances subsistent, même sur les biens avenus au mari depuis la dissolution du mariage. Le contraire avait été décidé par deux arrêts des Cours impériales d'Agen du 8 mai 1810; Sirey, 11, 2, 167; et celle de Nîmes du 24 mars 1806; Sirey, 7, 2, 1007 et 1196. Cette doctrine est soutenue par M. Grenier (n° 245).

Après la dissolution du mariage, dit-on, la femme reprend toute son indépendance; devenue libre, elle a la faculté de requérir inscription et doit rentrer sous l'empire du droit commun. *Cessante causa, cessat effectus.* Ce raisonnement serait concluant, si la dispense d'inscription n'avait été introduite que dans le seul but de sauvegarder la femme contre les abus de l'autorité maritale; mais il en est autrement; elle procède d'un principe plus élevé, de cette protection généreuse que le législateur a accordée à tous les incapables, de l'intérêt tout social de la conservation de la famille et de son patrimoine (*nam interest rei publicæ mulierum dotes salvas fore*), intérêt auquel une simple négligence ne doit porter nulle atteinte. Au surplus, tant qu'elle existe, l'hypothéque légale est dispensée d'inscription; l'art. 2135 ne renferme aucune restriction sous ce rapport.

Ce second système a été adopté par un avis du Conseil d'État, du 5 mai 1812[1].

Il est à remarquer que la dispense d'inscription s'étend à la totalité

1. Tarrible, Rép. v° Insp. hyp., § 3, n° 2. Troplong, t. II, n° 576. Duranton, t. XX, n° 38. MM. Aubry et Rau, p. 150, t. II. Montpellier, 24 février 1829. Sirey, 31, 2, 46. Bordeaux, 24 juin 1836. Sirey, 37, 2, 38. Turin, 10 janvier 1812. Sirey, 12, 2, 448. Lyon, 8 août 1850. Sirey, 51, 2, 87.

des intérêts, même au delà des deux années et de l'année courante, dont parle l'art. 2151 du Code Napoléon[1], la disposition de cet article, n'ayant trait qu'aux hypothèques assujetties à la formalité de l'inscription, et non à celles qui en sont exemptées. C'est ce qui résulte des expressions, «le créancier inscrit pour un capital», de tous temps les intérêts de la dot ont d'ailleurs été colloqués au même rang que le principal[2].

L'art. 2135 est applicable, même à l'égard des droits de la femme nés avant la publication du Code Napoléon, de sorte qu'il tient lieu de toute inscription aux femmes mariées antérieurement, sans préjudice aux droits acquis par des tiers sous l'empire de la loi de brumaire an VII[3].

Mais la doctrine qui précède ne s'applique pas aux femmes décédées avant la promulgation du Code. Pour leurs héritiers l'obligation d'inscrire l'hypothèque résultant de la loi subsiste en entier, puisqu'ils ont succédé aux droits de leur auteur, tels qu'ils étaient avec leurs charges et bénéfices, et dès lors, leur hypothèque était assujettie à la formalité de l'inscription[4].

Nous avons vu que l'un des effets les plus importants des hypothèques, est de suivre l'immeuble affecté, en quelque main qu'il passe pour obtenir, soit le paiement volontaire de la créance, soit le paiement forcé au moyen de l'expropriation, soit le délaissement par hypothèque réglementé par les art. 2168 et suivants du Code Napoléon.

Les créanciers, ayant privilége ou hypothèque inscrite sur un immeuble, porte l'art. 2166 constitutif de ce droit considérable, le sui-

1. Bourges, 23 mai 1829. Sirey, 30, 2, 73.

2. Grenier, t. Ier, no 104. Tarrible, Insc., p. 244. Troplong, t. III, no 701. MM. Aubry et Rau, t. II, p. 200.

3. *Sic* Chabot, Quest. trans. vo Hypoth., § 2, t. II, no 51. Grenier, t. Ier, no 238. Duranton, t. XIX, no 393. Tessier, de la Dot, no 138. Lit. B., p. 320. Agen, 27 novembre 1812 (aff. Ballande). Collect. nouv., 4, 2, 204.

4. Cour Cassat., 1er mai 1815. Sirey, 15, 1, 277.

vent en quelque main qu'il passe, pour être colloqués et payés, suivant l'ordre de leurs créances ou inscriptions.

Cet article, modifié par les art. 834 et 835 du Code de procédure civile, qui ont étendu le délai de l'inscription, s'applique-t-il aux hypothèques légales et notamment à celle de la femme mariée. Nous nous prononçons dès à présent pour la négative, tout en nous réservant de traiter la question en détail au chapitre IX *infra.*

§ 2. *De l'utilité de l'inscription, quelles personnes sont chargées de la requérir.*

Bien que l'hypothèque soit dispensée d'inscription, cette formalité devient nécessaire pour la conservation du droit de suite : 1° contre les tiers-acquéreurs sur aliénation volontaire, qui ont purgé conformément aux articles 2193 et 2195 du Code Napoléon;

2° En cas d'expropriation forcée, pour empêcher que, par le jugement d'adjudication, les immeubles expropriés ne passent à l'adjudicataire affranchis de l'hypothèque légale ou au moins du droit de suite;

Enfin, 3°, quand il y a expropriation pour cause d'utilité publique, et que le jugement qui l'a prononcée a été transcrit, ainsi que le tout sera démontré avec quelques détails au chap. IX.

Nous examinerons sous le même chapitre, si elle est nécessaire pour la conservation du droit de préférence.

Si le législateur a voulu, par suite de la protection toute spéciale qu'il accorde à la femme mariée, que son hypothèque existât indépendamment de toute inscription, il n'en a pas moins dû, pour rester fidèle au principe de publicité admis par lui, prendre des mesures pour assurer l'inscription, et sauvegarder ainsi les droits des tiers de bonne foi, tout en les conciliant dans une certaine limite, avec les intérêts des incapables.

Telle est la pensée qui a dicté les art. 2136 et suivants du Code Napoléon.

Ainsi, les maris sont tenus de rendre publiques les hypothèques dont leurs biens sont grevés, et, à cet effet, de requérir, sans aucun délai, inscription aux bureaux à ce établis, sur les immeubles leur appartenant, et sur ceux qui pourront leur appartenir par la suite (art. 2136). S'ils ont omis de requérir ces inscriptions, et qu'ils consentent ensuite des hypothèques conventionnelles sur leurs biens, ils sont réputés stellionataires, et comme tels contraignables par corps.

Les maris doivent faire à cet égard une déclaration expresse, qui ne peut être remplacée par des équipollents, ni résulter, par exemple, de la circonstance que le tiers avait connaissance de l'existence d'une hypothèque légale. C'est ce qu'ont décidé les Cours de Limoges et de Poitiers, par deux arrêts du 18 avril 1828 et du 29 décembre 1830[1]. Telle est aussi l'opinion de MM. Persil, Dalloz et Troplong[2], et on ne peut que l'approuver, malgré la rigueur de ces solutions, la loi ayant dû faire preuve, dans l'intérêt des tiers, d'une juste sévérité.

Mais notre article ne sera pas applicable :

1° Lorsqu'il y aura eu bonne foi démontrée de la part du mari; s'il avait, par exemple, des motifs de croire l'immeuble affranchi par l'effet d'une restriction de l'hypothèque consentie par la femme dans les formes légales;

2° Lorsque l'hypothèque légale aura été inscrite : cela résulte avec évidence des termes de la loi; le tiers a eu dans ce cas le moyen de s'assurer de son existence;

3° Quand il s'agit non d'une hypothèque conventionnelle, conférée par le mari; mais d'une hypothèque légale ou judiciaire, ou d'un privilége survenus contre lui.

S'agit-il en effet d'une hypothèque légale ou judiciaire; elles s'établissent sans convention. Dans quel lieu, dans quel moment, dans quelle forme les maris feront-ils leur déclaration? La loi n'en parle

1. Dalloz, 29, 2, 93. Idem, v. 31, 2, 34.
2. T. II, p. 633.

pas. S'agit-il d'un privilége, il prime l'hypothèque; dès lors, où est le dommage[1]?

Ces exceptions prouvent la défectuosité de la rédaction de l'art. 2136, qui ne s'applique en résumé qu'en matière d'hypothèque conventionnelle, et lorsque le mari aliène un immeuble, en faisant une déclaration mensongère sur la situation hypothécaire[2].

A défaut par les maris de faire opérer les inscriptions ordonnées par l'art. 2136, elles doivent être requises par le procureur impérial près le tribunal de première instance du domicile des maris ou du lieu de la situation des biens (art. 2138).

Le ministère public, défenseur né des incapables, devait être expressement chargé de requérir des inscriptions dans leur intérêt; malheureusement cette disposition de la loi est inefficace et ne reçoit d'exécutions nulle part. Au surplus, il résulte d'une circulaire ministérielle du 15 septembre 1806, que les officiers du ministère public ne doivent pas d'office prendre indistinctement inscription au profit des femmes sur les biens de leurs maris; leur action n'est que subsidiaire, et ils ne doivent l'exercer qu'après examen de l'affaire, et après s'être assurés qu'il y a nécessité de prendre inscription. La même circulaire, du 15 septembre 1806, décide que les conservateurs ne jouissent pas du droit de faire d'office des inscriptions d'hypothèques légales, et, en effet, un tel droit n'est écrit nulle part dans la loi.

Mais les parents, soit du mari, soit de la femme, ont le droit de requérir les inscriptions; elles peuvent aussi être requises par les femmes elles-mêmes sans aucune autorisation (art. 2139). Le législateur n'impose, sous ce rapport, aucune obligation aux parents des conjoints; il se contente de faire un appel à leur sollicitude pour les intérêts de la femme. En cas d'omission de cette mesure conservatoire, ils n'en courent aucune espèce de responsabilité.

1. Troplong, t. II, n° 633 et 633 *bis*.

2. MM. Aubry et Rau, t. II, p. 152. Persil, sur l'art. 2236. Grenier, n° 264. Rolland de Villargues, Rép. Inscrip. hyp., n° 22.

Les amis de la femme pourraient-ils requérir les inscriptions ? non; la loi ne parlant que des amis des mineurs dans l'art. 2139, semble plutôt dire le contraire; il eût été inconvenant et contraire à la morale publique, que de supposer à la femme des amis qui pussent s'initier à un tel point dans la gestion de ses affaires[1].

Lorsque l'hypothèque légale a été restreinte dans les termes des art. 2140 et suivants, les maris, les femmes, les parents et le procureur impérial, ne peuvent prendre inscription que sur les immeubles qui restent affectés (art. 2142); les inscriptions prises dans ce cas, sur les biens devenus libres, seraient nulles, et ne pourraient être opposées aux tiers[2].

«Les inscriptions, porte l'art. 2146, ne produisent aucun effet, si «elles sont prises dans le délai pendant lequel les actes faits avant «l'ouverture des faillites sont déclarés nuls. Il en est de même entre «les créanciers d'une succession, si l'inscription n'a été faite par l'un «d'eux que depuis l'ouverture et dans le cas où la succession n'est «acceptée que sous bénéfice d'inventaire.»

Art. 446 du Code de Commerce : «Sont nuls et sans effets relative-«ment à la masse, lorsqu'ils auront été faits par le débiteur depuis «l'époque déterminée par le tribunal, comme étant celle de la cessation «de ses paiements et dans les dix jours qui auront précédé cette «époque, toute hypothèque conventionnelle ou judiciaire et tous «droits d'antichrèse ou de nantissement constitués sur les biens du «débiteur pour dettes antérieurement contractées.»

Art. 448. «Les droits de privilége et d'hypothèque valablement «acquis pourront être inscrits jusqu'au jour du jugement déclaratif «de la faillite. Néanmoins les inscriptions prises après l'époque de la «cessation des paiements ou dans les dix jours qui précèdent, pourront «être déclarées nulles, s'il s'est écoulé plus de quinze jours entre la

1. MM. Aubry et Rau, p. 152, t. II. Persil, sur l'art. 2139. Caen, 8 mai 1839.
2. Rolland de Villargues, Rép. Insc. hyp., n° 37.

«date de l'acte constitutif de l'hypothèque ou du privilége et celle de «l'inscription.»

En adoptant les dispositions qui précèdent, le législateur a voulu placer les créanciers d'un débiteur en faillite ou d'une succession bénéficiaire sur un pied d'égalité, en empêchant dans une certaine mesure l'acquisition de droits de préférence, qui seraient la plupart du temps le prix de la course, et profiteraient aux créanciers les plus avides et les moins délicats, au grand préjudice d'hommes plus confiants. Cela était juste, si les biens du débiteur sont toujours le gage commun de ses créanciers; cela doit avoir lieu surtout, lorsque la situation embarrassée de ses affaires peut faire craindre une perte plus ou moins considérable sur des obligations légitimement contractées. L'acceptation bénéficiaire et la vacance de la succession, de même que la faillite, fixent les droits respectifs des créanciers; ces droits ne peuvent plus varier. Et comment acquérir d'ailleurs des droits de préférence contre un héritier bénéficiaire ou un curateur nommé à une succession vacante ou des syndics, lorsque les uns et les autres sont de simples administrateurs.

En présence de l'ancien art. 443, qui défendait d'une manière plus générale que l'art. 446 actuel, relaté plus haut, d'obtenir un privilége ou une hypothèque sur les biens du failli dans les dix jours antérieurs à l'ouverture de la faillite, M. Pardessus accordait l'hypothèque légale au mineur et à l'interdit sous le prétexte que l'existence de la tutelle et le choix du tuteur sont indépendants de leur volonté. Il la refusait aux femmes, en disant que le mariage est un fait volontaire de leur part; mais les termes de l'art. 443: *nul ne peut acquérir hypothèque*, supposaient de la part du créancier un fait qui tendit principalement et directement à l'acquisition de l'hypothèque. Il n'en est pas ainsi du mariage, comme le font observer MM. Aubry et Rau (t. II, p. 126, note 19). Tel était déjà le sens d'une déclaration du mois de novembre 1702, qui ne proscrivait que les hypothèques conventionnelles ou judiciaire, constituées dans les dix jours antérieurs à l'ouverture de la faillite.

Aujourd'hui que l'art. 446 du Code de Commerce ne prononce la nullité que des hypothèques conventionnelles ou judiciaires constituées par les débiteurs pour dettes antérieurement contractées, après la cessation des paiements et dans les dix jours qui la précèdent, il est hors de doute que le fond du droit d'acquérir une hypothèque légale dans ces délais demeure intact au profit des femmes mariées, des mineurs et des interdits.

Quant à la disposition de l'art. 2146 du Code Napoléon, qui déclare nulles les inscriptions prises dans les dix jours qui précèdent la faillite, elle a été modifiée par l'art. 448 nouveau du Code de Commerce.

En effet, cet article permet d'inscrire jusqu'au jour du jugement déclaratif de faillite les droits de privilége et d'hypothèque valablement acquis; il déclare ensuite que les inscriptions prises après la cessation des paiements ou dans les dix jours qui la précèdent *pourront* être annulées, s'il s'est écoulé plus de quinze jours entre la date de l'acte constitutif du privilége ou de l'hypothèque et celle de l'inscription. Ainsi, la nullité n'est plus absolue; elle pourra être prononcée par les juges appréciateurs souverains d'une pareille question.

Du moment que l'article cité parle d'un acte constitutif du privilége ou de l'hypothèque, il est évident qu'il ne s'applique en aucune façon aux hypothèques légales dont l'existence résulte de la loi. Reste la disposition de l'art. 2146 du Code Napoléon, relative aux successions bénéficiaires. Admettons qu'il prohibe l'inscription de l'hypothèque légale après l'ouverture de la succession, cette circonstance ne saurait évidemment nuire aux droits de la femme dispensés d'inscription, puisque ceux-ci subsistent indépendamment de l'accomplissement de cette formalité.

Au surplus, la Cour impériale de Grenoble a décidé, par un arrêt du 8 juillet 1822 (aff. Rey, Sirey, 25, 2, 33), que l'art. 2146 ne s'appliquait pas à la femme mariée qui se trouverait dans la nécessité de faire inscrire, dans le cas où un acquéreur voudrait purger, conformément aux art. 2194 et 2195 ; que l'art. 2146 prohibe l'inscription des hypothèques ordinaires, puiqu'il en résulterait une modification dans les droits irrévocablement fixés par l'ouverture de la succession bénéficiaire; qu'il n'en est plus de même lorsqu'au décès du débiteur le créancier se trouvant dispensé par la loi de s'inscrire, l'inscription qu'il s'agit de prendre n'a pour objet que de conserver une hypothèque existante et non d'en acquérir une nouvelle.

L'art. 2146 ne parle pas expressément des successions vacantes; mais il leur est applicable à cause de la grande analogie qui existe entre elles et les successions acceptées sous bénéfice d'inventaire.

Telle était l'opinion de l'ancienne jurisprudence, telle était la disposition formelle de l'art. 12 de la loi du 7 messidor an III, portant: «Ne sont pareillement susceptibles d'aucune hypothèque les con-«damnations obtenues contre l'hérédité acceptée sous bénéfice d'in-«ventaire, où le curateur à la succession vacante[1].»

§ 3. *Formalités de l'inscription.*

Les droits d'hypothèque purement légale des femmes mariées sur leurs époux, seront inscrits sur la représentation de deux bordereaux contenant seulement:

1° Les nom, prénoms, profession et domicile réel du créancier, et le domicile qui sera par lui ou pour lui élu dans l'arrondissement;

2° Les nom, prénom, profession, domicile et désignation précise du débiteur;

3° La nature des droits à conserver et le montant de leur valeur, quant aux objets déterminés, sans être tenu de la fixer, quant à ceux qui sont conditionnels, éventuels ou indéterminés.

Telle est la disposition de l'art. 2153 du Code Napoléon, relatif aux formalités à suivre pour l'inscription de l'hypothèque légale.

On voit d'abord que cet article s'écarte considérablement des dis-

1. Merlin, Quest. de droit, Successions vacantes. Grenier, Hyp., t. Ier, nos 120 et 121. Troplong, t. III, no 659 *ter*.

positions des art. 2132 et 2148, qui concernent l'inscription des droits d'hypothèque conventionnelle ou judiciaire.

Ainsi, il ne prescrit pas la représentation de l'original en brevet ou d'une expédition authentique du jugement ou de l'acte qui donne naissance au privilége ou à l'hypothèque, cela est logique, puisque l'hypothèque légale existe par la seule force de la loi et n'est pas susceptible d'une constitution spéciale.

Pour l'hypothèque conventionnelle ou judiciaire, on doit énoncer dans les bordereaux l'évaluation des rentes et prestations et des droits éventuels, conditionnels ou indéterminés, la date et la nature des titres, ainsi que l'exigiblité des créances.

De pareilles énonciations auraient offert, lorsqu'il s'agit d'hypothèques légales, les difficultés les plus sérieuses, puisque l'on inscrit souvent les droits de la femme dans le but de la prémunir contre des dilapidations à venir, et que les tierces-personnes, chargées de requérir l'inscription, peuvent ne pas connaître l'origine, la nature et le montant des créances, même certaines et liquides. Quant à l'exigibilité, il serait impossible d'en fixer l'époque, puisquelle dépend d'événements futurs, qu'il est hors de la puissance humaine de prévoir à l'avance.

C'est aussi pour ces motifs que la loi du 11 brumaire an VII avait soumis l'inscription de l'hypothèque légale à des formes moins sévères que l'inscription des créances ordinaires.

Enfin, l'indication de l'espèce et de la situation des biens est complétement inutile pour une hypothèque qui, étant générale de sa nature, frappe tous les biens immeubles du débiteur, c'est ce qui résulte textuellement de la disposition finale de l'art. 2148, ainsi conçue :

«Cette dernière disposition (l'indication de l'espèce et de la situation des biens) n'est pas nécessaire dans le cas des hypothèques légales ou judiciaires ; à défaut de convention, une seule inscription pour ces hypothèques frappe tous les immeubles compris dans l'arrondissement du bureau.»

L'art. 2153 ne parle que des hypothèques *purement légales*. Ces expressions signifient que les hypothèques légales, lorsqu'elles ont été restreintes sur certains immeubles particuliers, en conformité des art. 2140, 2141, 2143, 2144 et 2145 du Code Napoléon, perdent leur principal attribut, qui est la généralité; transformées alors en hypothèques spéciales, elles sont subordonnées, quant à la désignation, aux mêmes formes, et le mari, les parents et le procureur impérial ne sont tenus de requérir inscription que sur les immeubles indiqués (art. 2148).

On se demande si les formalités prescrites pour l'inscription le sont à peine de nullité, ou s'il faut distinguer celles qui sont substantielles de celles qui ne sont qu'accidentelles, ainsi que l'ont fait la plupart des auteurs dans leurs explications sur l'art. 2148.

Telle est notre opinion; or, quelles sont les formes substantielles? ce sont celles qui sont indispensables, ainsi que le dit M. Troplong, pour remplir le but pour lequel l'acte a été institué, c'est-à-dire pour protéger les droits des tiers et empêcher ceux-ci d'être induits en erreur, en leur faisant connaître les charges qui pèsent sur le débiteur. Les autres formalités ne sont que de pure précaution, et leur omission ne doit pas produire une nullité, qui n'est pas prononcée par la loi ni conseillée par l'équité.

En matière d'hypothèque conventionnelle, il n'y a que trois omissions préjudiciables au tiers qui veut contracter avec le débiteur, ce sont: 1° La désignation des immeubles hypothéqués, sans quoi il ne pourrait connaître la situation hypothécaire de ces biens, et les regarderait comme libres lorsqu'ils ne le seraient pas; 2° le montant des créances, sans quoi il serait induit en erreur, non-seulement sur le degré de solvabilité du débiteur, mais encore sur l'excédant de la valeur des biens sur les charges dont ils seraient grevés; 3° le nom et la désignation individuelle du débiteur, à peine de n'obtenir aucun renseignement précis sur les hypothèques prises contre ce dernier et d'attribuer à Pierre les inscriptions qui concerneraient en réalité Paul.

Une fois la situation hypothécaire connue, qu'importe au créancier postérieur que celui qui le prime soit un tel ou un tel, que le titre soit de telle date plutôt que de telle autre, que ce soit une vente ou une obligation, que la dette soit exigible plus tôt ou plus tard, son attention est éveillée, il sait qu'il doit se prémunir, qu'il est primé par des droits préférables aux siens; l'omission de ces formalités devient plus préjudiciable aux créanciers antérieurs qu'à ceux qui les suivent, et dès lors elle ne peut et ne doit entraîner une nullité radicale.

Tel est le système vers lequel incline la majorité des auteurs [1]; la jurisprudence a présenté plus d'incertitudes, mais l'énoncé de ses diverses décisions nous entraînerait dans des discussions qui sortent du cadre de cette thèse.

Quelles sont maintenant les formalités substantielles quand il s'agit de l'inscription d'une hypothèque légale? C'est uniquement la désignation précise du débiteur; elle doit être assez claire pour que ni le conservateur, ni les tiers ne puissent équivoquer. Quant à l'indication de la valeur des objets déterminés, bien que substantielle, lorsque l'hypothèque est conventionnelle ou judiciaire, il nous semble qu'elle cesse de l'être dès qu'il s'agit d'une hypothèque légale, sans quoi les parents du mari et de la femme et le ministère public seraient la plupart du temps dans l'impossibilité de requérir la formalité. C'est aux tiers avertis par l'inscription à prendre leurs précautions et à se faire justifier le montant de l'hypothèque légale. Au surplus, cette question a bien peu d'importance, lorsque l'on songe qu'une pareille hypothèque existe indépendamment de toute inscription, et que, dans certains cas seulement, l'omission de cette formalité peut porter préjudice à la femme.

Dès que l'hypothèque, de générale qu'elle était, est spécialisée au

1. Grenier, t. Ier, p. 144. Toullier, t. VII, no 510. Delvincourt, Cours de Droit civil. Hua, Moyen d'améliorer le régime hypothécaire. Consult. de Sirey, t. XIII, 2, 180. Dalloz, Hyp., p. 250.

moyen de la restriction conventionnelle, la désignation des biens ainsi affectés devient nécessaire, et il faut appliquer alors les règles relatives à l'hypothèque conventionnelle[1].

Les inscriptions conservent l'hypothèque ou le privilége pendant dix années, à compter du jour de leur date; leur effet cesse si ces inscriptions n'ont été renouvelées avant l'expiration de ce délai (art. 2154).

Cet article s'applique à toutes les inscriptions hypothécaires quelconques, même à celles qui sont prises au profit des femmes mariées; la loi ne distingue pas. Introduite pour faciliter les recherches des conservateurs des hypothèques, cette disposition a sa raison dans tous les cas possibles, mais la prescription de l'inscription ne fait perdre que le rang, lorsqu'il dépend de l'accomplissement de la formalité, et non le fond du droit, à moins qu'il n'y ait purgement, et sauf l'application des art. 834 et 835 du Code de procédure civile.

Les frais des inscriptions sont toujours à la charge du débiteur, puisque c'est lui qui les occasionne, mais en règle générale l'avance doit en être faite par l'inscrivant, sauf lorsqu'il s'agit de l'inscription d'une hypothèque légale, puisqu'alors ce sont souvent des parents, des amis, ou le procureur impérial qui la requièrent, dans un but désintéressé. Dans ce cas, le conservateur exerce son recours contre le débiteur (art. 2155).

CHAPITRE VII.

Renonciation et subrogation à l'hypothèque légale de la femme.

§ 1er. *De la renonciation.*

La femme ne pourrait, dans l'unique intérêt de son mari, renoncer à son hypothèque légale ; cela résulte avec évidence des art. 2140 et 2144 du Code Napoléon. Mais autre chose est une renonciation pure

1. Persil, t. II, p. 54. Grenier, t. Ier, p. 83. Troplong, t. III, no 690.

et simple ; autre chose est une renonciation faite dans l'intérêt des tiers. Cette dernière est généralement admise, et, en effet, du moment que la femme peut s'obliger conjointement avec son mari, ou sans autorisation aliéner tout ou partie de ses immeubles, il est hors de doute qu'elle puisse renoncer en faveur des créanciers ou des acquéreurs à l'hypothèque qui garantit sa dot, d'après ce principe élémentaire, que celui qui peut le plus peut le moins. C'est ce qui ressort des discussions qui ont eu lieu au Conseil d'État entre MM. Tronchet et Regnault (Conférences, t. VII, sur l'art. 2140).

Cette question n'a cependant pas manqué de soulever, dans les premières années de la promulgation du Code Napoléon, quelques difficultés qui ont été vidées par deux arrêts de la Cour de Cassation, des 12 janvier et 12 février 1812, et depuis la même jurisprudence a été suivie par de nombreux arrêts de Cours impériales. En effet, la faculté qui appartient à tout créancier de renoncer ou de subroger aux droits qu'il peut exercer contre son débiteur, n'est, sous le régime de la communauté, interdite à la femme, quant à son hypothèque légale, par aucune disposition de la loi[1].

La renonciation de la femme à son hypothèque légale, en faveur d'un tiers, peut être expresse ou tacite ; l'une et l'autre produisent le même effet et équivalent à une cession de priorité de rang hypothécaire.

La première est celle qui est exprimée en termes formels dans un acte.

La seconde a lieu lorsque la femme non-seulement s'oblige envers un tiers avec son mari, mais encore hypothèque à la sûreté de l'engagement un immeuble propre au mari ou appartenant à la communauté.

Nous disons que l'une et l'autre renonciation équivaut à une cession de priorité de rang hypothécaire, car lorsqu'elle affecte conjoin-

1. Arrêt de la Cour de Cassat., rejet (aff. Poupart de Neuflize), 24 janvier 1838. Sirey, 38, 1, 197.

tement avec le mari un immeuble grevé de son hypothèque, la femme consent par cela même que le créancier soit colloqué par préférence à elle sur cet immeuble ; tel est précisément le résultat de la cession d'antériorité.

Il y a également renonciation tacite, lorsque la femme consent à la vente d'un immeuble grevé de son hypothèque légale, mais il nous semble que, dans ce cas, il n'y a plus cession de rang hypothécaire, puisque celle-ci ne peut avoir lieu qu'au profit du créancier qui a de son chef une hypothèque ; et la seule chose qui résulte de la garantie donnée à l'aliénation, c'est que l'immeuble est affranchi de l'hypothèque légale de la covenderesse.

Cette doctrine peut être appuyée par induction de plusieurs dispositions du titre VI, livre XX du Digeste *quibus modis pignus vel hypotheca solvitur*, et notamment de la loi 8, § 6, *hoc titulo*, ainsi conçue : «*Si voluntate creditoris fundus alienatus est, inverecunde applicari sibi eum creditor «desiderat ; si tamen effectus sit secutus venditionis, namsi non venierit non est «satis, ad repellendum creditorem quod voluit venire.*» Et d'après la loi 9, § 1, du même titre, celui qui aurait concouru à l'affectation au profit d'un autre d'un fonds sur lequel il aurait lui-même hypothèque, serait censé avoir renoncé à son droit à l'encontre du second créancier.

Les principes relatifs à la renonciation tacite ont été consacrés par un arrêt de la Cour de Cassation du 30 juillet 1845. Voici les considérants bien simples de ce dernier arrêt :

«Attendu en droit que les art. 2144 et 2145 ne sont applicables «qu'aux réductions d'hypothèques demandées par le mari seul, et «non aux contrats sincères que la femme passe avec des tiers, même «dans l'intérêt de son mari, ces contrats sont régis par d'autres dis«positions, au nombre desquelles se trouve l'art. 217 du Code Napo«léon.

«Attendu, en fait, que la Cour royale, appréciant, comme il était «dans son droit de le faire, la convention passée entre la dame Chau«veau et la dame Malherbe, a déclaré que cette convention faite avec «l'autorisation du mari de la dame Chauveau contenait une véritable «cession faite à un tiers de son droit d'antériorité d'hypothèque, et «que par suite de cette qualification les art. 2142 et 2145 étaient in-«applicables à la cause [1].»

La même solution, fondée sur les mêmes motifs, résulte d'un arrêt de la Cour impériale de Douai, du 20 mars 1851, (Sirey 51, 2, 481)[2], qui a jugé que la renonciation faite par une femme mariée dans le but de faire agréer son mari comme caution d'un surenchériseur, doit être réputée faite au profit du tiers surenchérisseur et non au profit du mari.

La renonciatien tacite résulte-t-elle d'une simple obligation contractée par une femme envers un tiers conjointement avec son mari, sans qu'il y ait aucune affectation hypothécaire des biens de celui-ci; nous n'hésitons pas à nous prononcer pour la négative.

Supposons qu'une personne quelconque, créancière elle-même d'une obligation garantie par une hypothèque, souscrive un engagement purement chirographaire, celui au profit duquel cet engagement sera consenti n'aura certainement pas acquis le droit hypothécaire de son débiteur, et, si ce dernier poursuit la réalisation des immeubles affectés à la sûreté de sa propre créance, le porteur de l'engagement chirographaire n'aura que la voie de l'opposition eu sous ordre sur le prix des biens vendus aux termes de l'art. 778 du Code de procédure[3], encore le montant de la collocation serait-il distribué comme chose mobilière au marc le franc entre tous les créanciers inscrits en sous ordre, s'il s'en trouvait d'autres.

Cette décision ne peut faire l'objet d'aucun doute et doit s'appliquer

1. Paris, 26 janvier 1819. Sirey, 19, 2, 148. Angers, 19 juillet 1823. Sirey, 23, 2, 315. Cassat., rejet, 28 juillet 1823. Sirey, 23, 1, 414. Lyon, 21 décembre 1840. Sirey, 41, 2, 268. Paris, 28 août 1844. Sirey, 44, 2, 540. Cassation, rejet, 30 juillet 1845. Sirey, 45, 1, 711. *Sic* Troplong, nº 603 et suivants. Persil, t. Ier, p. 246. Grenier, t. Ier, nº 256.

2. Voir aussi un arrêt de la Cour impériale de Caen du 3 mai 1852. Sirey, 53, 2, 79.

3. Arrêt de la Cour de Cassation, 2 avril 1829. Sirey, 29, 1, 194.

à l'engagement chirographaire souscrit par une femme mariée conjointement avec son mari.

Il en serait autrement si les obligations contractées par la femme attribuaient une véritable hypothèque sur les droits de cette dernière. Dans l'ancienne législation cela eût eu lieu, puisqu'un droit d'hypothèque était lui-même susceptible d'être hypothéqué, et toute convention authentique emportait une hypothèque générale sur les biens du débiteur. Mais dans notre législation actuelle il ne peut évidemment en être ainsi, car hypothèque sur hypothèque ne vaut.

La même doctrine est applicable au cas où une femme est condamnée solidairement avec son mari au paiement d'une dette. Tous les biens immeubles de la codébitrice seront grevés d'une hypothèque judiciaire générale de la nature, mais il n'y aura pas pour cela renonciation aux droits de la femme contre son mari, car une pareille renonciation ne peut résulter que d'un concours actif donné par la femme à l'engagement hypothécaire souscrit par le mari ou à l'aliénation par lui consentie.

Il en sera encore de même, si la femme, au lieu d'intervenir à l'acte constitutif de l'hypothèque, se contente de souscrire par un acte subséquent une simple obligation personnelle de sa part, sans qu'il y ait aucune stipulation relative à l'hypothèque. Le créancier n'aura que la ressource de la collocation en sous ordre[1].

Mais la question a reçu une solution opposée de la jurisprudence par arrêt de la Cour de Limoges, du 2 juin 1828, et un arrêt du rejet de la Cour de Cassation du 17 avril 1827, d'après lesquels un simple engagement solidaire du mari et de la femme, sans stipulation d'aucune hypothèque, vaut subrogation dans l'effet de l'hypothèque légale de la débitrice.

1. Orléans, 24 mai 1848. Sirey, 50, 2, 145. Paris, 2 janvier 1836. Sirey, 36. 2, 149. Caen, 15 juillet 1841. Sirey, 40, 2, 522. Paris, 8 avril 1853. Sirey, 53, 2, 565. Troplong, n° 603 et suivants. Grenier, t. Ier, n° 254. Proudhon, t. V, n° 2334. Dalloz, Hypoth., p. 147, n° 7.

Nous ne saurions admettre cette doctrine, la renonciation de la femme à son hypothèque légale ne doit pas se présumer facilement ni être étendue au-delà des limites dans lesquelles elle a été contractée. Aussi la Cour de Cassation a-t-elle décidé avec raison que l'engagement solidaire contracté par une femme avec son mari dans un acte de société ayant seulement pour objet l'exploitation d'une mine dont le fonds (pour tout ou partie) ne cesse pas d'être la propriété du mari, n'emporte pas de la part de la femme renonciation sur le fonds de cette mine à son hypothèque légale pour sûreté des aliénations que le mari pourrait faire ultérieurement des biens de la femme.

Un tel engagement ne doit avoir d'effet vis-à-vis des créanciers de la société, qu'en ce qui touche les produits de l'exploitation de la mine, et ne change rien aux droits de la femme sur le fonds même soumis à cette exploitation[1].

§ 2. *De la subrogation.*

Plusieurs des auteurs cités au paragraphe précédent d'accord avec la plupart des Cours judiciaires, non-seulement admettent la renonciation tacite, ainsi que nous l'avions fait nous-mêmes, mais encore l'assimilent en tous points à une subrogation expresse dans les droits d'hypothèque légale de la femme.

Nous ne saurions partager cette manière de voir, car d'autres principes dominent la matière. Nous pensons avec MM. Aubry et Rau (t. II, p. 213), que la transmission des droits hypothécaires, qui forment des accessoires des créances ne saurait avoir lieu indépendamment de la transmission de ces créances.

Que, par suite, la femme ne peut, en s'obligeant avec le mari, subroger à son hypothèque légale sans transporter en garantie tout ou partie des droits consacrés par cette hypothèque ; que la déclaration de

1. Cass., rejet, 24 juin 1829. Sirey, 30, 1, 345.

subrogation non faite par suite du transport des créances ne peut être considérée que comme une cession de priorité de rang. Dans ce dernier cas l'antériorité de la renonciation détermine la préférence, lors même que l'hypothèque du créancier, au profit duquel une première renonciation a été faite, se trouverait postérieure en rang à celle d'un autre créancier, dans l'intérêt duquel aurait eu lieu une renonciation ultérieure.

Il est bien entendu d'ailleurs que les principes que nous venons d'énoncer règlent uniquement les rapports de la femme avec les tiers-subrogés, que pour elle, simple caution solidaire de son mari, toutes les fois qu'elle s'engage avec lui, et pour son intérêt elle conserve son recours entier contre le débiteur principal, ainsi que nous le verrons plus loin.

La loi ne reconnaît, en effet, que deux espèces de subrogations : la subrogation conventionnelle et la subrogation légale, qu'elle a circonscrites dans des conditions très-limitées et très-rigoureuses, et dont elle a tracé les règles avec le plus grand soin. On ne trouve dans la loi aucun texte, nous dirons même aucun principe d'où l'on puisse conclure qu'elle a admis la subrogation tacite.

La subrogation expresse de la femme n'a lieu que lorsqu'elle cède ou délègue au créancier, à concurrence de ses prétentions, les droits, créances, reprises ou avantages matrimoniaux, et qu'elle le subroge dans l'effet de l'hypothèque légale qui en garantit le paiement. Sans cela il faudrait admettre que l'hypothèque est elle-même susceptible d'être affectée en garantie, ce qui n'est pas en droit moderne, car hypothèque sur hypothèque ne vaut, ainsi que nous l'avons déjà fait observer.

Nous reconnaissons que la femme qui s'oblige avec son mari, et assiste ou participe à l'hypothèque conférée par lui, ne peut exercer son droit au préjudice du créancier, mais ce sera, non parce qu'elle l'aura subrogé à ses droits, mais parce qu'elle aura renoncé à le troubler ou à s'en prévaloir contre lui. En d'autres termes, l'engagement contracté par la femme dans les limites que nous venons d'indiquer, équivaudra, ainsi que nous l'avons dit plus haut, à une cession de priorité de rang hypothécaire au profit du créancier, d'où résultent les conséquences suivantes :

1° Le créancier ne pourra profiter de la renonciation de la femme, s'il ne conserve son hypothèque conventionnelle par une inscription ; sans cela il ne lui appartient plus aucun droit hypothécaire, et partant il ne peut plus se prévaloir d'une cession de priorité de rang faite en sa faveur, puisqu'il n'est plus créancier inscrit ;

2° La femme conservera intacte sa créance contre son mari, mais elle subira les suites de sa renonciation *in favorem*, en ce sens que le créancier au profit duquel elle l'aura consentie sera colloqué à son rang ;

3° Les créanciers primés par l'hypothèque légale de la femme, mais antérieur au créancier colloqué en son lieu et place, conserveront leur rang et seront préférés à la femme à concurrence de la somme pour laquelle le créancier postérieur aura été colloqué ;

4° Comme de l'engagement solidaire contracté par la femme avec son mari, il résultera à son profit une nouvelle cause d'hypothèque légale pour l'indemnité de dette, elle jouira de cette hypothèque à la date de l'obligation et pourra l'opposer aux créanciers ultérieurs ;

5° La subrogation expresse consentie par la femme au profit d'autres créanciers, ne pourra préjudicier à la cession d'antériorité de rang faite d'une manière tacite au profit du premier, attendu que cette cession forme un droit acquis, auquel des conventions ultérieures ne peuvent plus porter atteinte.

Cette doctrine sur l'effet de la renonciation expresse ou tacite de la femme à son hypothèque légale en faveur d'un tiers, a été consacrée par deux arrêts de la Cour de Paris, du 30 janvier 1851 et du 24 août 1853.

Examinons maintenant quels sont les effets de la subrogation expresse, la seule que nous admettions.

Quand la femme subroge un créancier à son hypothèque légale, elle ne peut, à son préjudice, céder à d'autres un droit dont elle s'est dépouillée. Ainsi, lorsqu'il y a plusieurs créanciers successivement subrogés à l'hypothèque légale, chacune de ces subrogations doit être suivie d'effet à concurrence de la créance pour laquelle elle a été faite, et obtient la préférence sur les autres. A mesure que la femme subroge, elle se dessaisit, jusqu'à concurrence de ces subrogations, des droits résultant de son hypothèque légale, et ne peut plus, par des subrogations postérieures, porter atteinte à celles qu'elle a antérieurement consenties.

On objecte à cette manière de voir ce qui a lieu lorsqu'il s'agit d'une subrogation ordinaire; alors le créancier subrogeant est censé, à moins qu'il n'y ait garantie de sa part, se réserver la priorité de rang pour le surplus de sa créance, et les créanciers subrogés viennent tous à concurrence de leurs droits et à un seul rang, qui est celui de l'hypothèque à laquelle ils ont été subrogés partiellement.

Mais s'il en est ainsi lorsque le créancier consent une subrogation, abstraction faite de tout engagement de sa part, il n'en est plus de même quand il contracte une obligation personnelle, alors il est tenu comme garant et il est dessaisi de la portion pour laquelle il a subrogé [1].

Il est si vrai que la date de chaque subrogation fixe le droit des créanciers, que l'on n'accorde aucune préférence à celui qui a fait inscrire la subrogation sur celui qui a omis l'accomplissement de cette formalité, par le motif que l'hypothèque légale existe indépendamment de toute inscription, et que le cessionnaire de la femme subrogé par elle à son hypothèque légale participe de droit à cette prérogative, puis-

1. Lyon, 24 mai 1850. Sirey, 58, 2, 532. Bourges, 4 mars 1831. Sirey, 32, 2, 31. Duranton, t. XII, n° 143, et t. XIX, n° 273. Persil, Rég. hypoth., art. 2121, n° 20, et 2144, n° 9. MM. Aubry et Rau, t. II, § 288, n° 8. Contra Grenier, n° 254. Proudhon, Usufruit, t. V, n° 2324. Metz, 4 juin 1822. Dalloz, 1824, 2, 83. V. Hyp., p. 153, n° 8. C. Paris, 29 août 1822. Dalloz, 1824, 2, p. 84 et 85.

qu'aucune disposition législative n'en a autrement ordonné, et n'a d'ailleurs imposé à ce cessionnaire l'obligation de faire inscrire l'hypothèque légale sur chacun des immeubles qui en sont atteints[1].

On peut opposer à cette décision des objections sérieuses lorsqu'il existe des créanciers postérieurs du mari qui ont pris inscription sur ses biens, tant en vertu de l'obligation de celui-ci, qu'en vertu de la subrogation de la femme. Auraient-ils contracté avec le mari, si le premier créancier avait fait connaître la subrogation faite à son profit? N'ont-ils pas été induits en erreur par l'ignorance dans laquelle on les a laissés de cette première subrogation? Nous le répétons, ces objections sont fondées en équité et en raison, mais dans quel article le législateur a-t-il ordonné que la subrogation fût inscrite ou mentionnée sur les registres du conservateur? N'a-t-il pas, au contraire, dispensé l'hypothèque légale de la femme de toute inscription?

Il existe cependant des cas où l'inscription de l'hypothèque légale et la mention de la subrogation deviennent nécessaires dans l'intérêt même du créancier subrogé; d'abord, pour éviter les difficultés qui pourraient survenir, si la femme consentait à la restriction de son hypothèque légale, conformément à l'art. 2144 du Code Napoléon; ensuite, quand un acquéreur des biens du mari remplit les formalités de purge prescrites par les art. 2193 et 2194 du Code Napoléon. Dans ce cas, à défaut d'inscription ou de mention en faveur du créancier, l'acquéreur pourrait se libérer valablement entre les mains de la femme elle-même, en arguant de l'ignorance dans laquelle on l'aurait laissé de l'existence de la subrogation.

Il est à noter en passant, que la mention faite par le créancier dans l'inscription de la créance, qu'il est subrogé dans l'hypothèque légale de la femme de son débiteur, n'emporte pas inscription de cette hy-

2. Arrêt de rejet, 24 janv. 1838. Ch. civile. Sirey, 38, 1, 97. Cassat., 2 avril 1829. Sirey, 29, 1, 194. Paris, 18 mars 1848. Sirey, 48, 2, 307. Grenier, Hyp. t. Ier, n° 255. Troplong, t. II, n° 608. Persil, Rég. hyp., art. 2121, n° 22. Proudhon, Usuf. t. V, n° 2338. Duranton, t. XII, n° 144. MM. Aubry et Rau, t. II, n° 288, note 2.

pothèque, d'autres formes ont, en effet, été tracées à cet égard par l'art. 2153 du Code Napoléon [1].

L'influence de la renonciation *in favorem* et de la subrogation consentie par la femme sur les créanciers antérieurs, se déduira facilement des principes que nous venons d'exposer.

Les créanciers antérieurs sont-ils simples créanciers chirographaires du mari et de la femme, rien n'empêche cette dernière de céder à d'autres son droit d'hypothèque légale, elle est dans la position de tout débiteur qui n'a consenti aucune garantie hypothécaire, rien ne l'empêche d'en conférer une à des créanciers postérieurs; tout cela est d'une vérité élémentaire, et l'on ne comprend pas comment il a pu y avoir des doutes à cet égard [2].

Un arrêt de la Cour de Lyon, du 22 juillet 1819, a fait ressortir ces conséquences des principes généraux du droit d'une manière lumineuse :

«Attendu (y est-il dit) qu'il est de principe que jamais hypothè-«que sur hypothèque ne vaut, et qu'ainsi, entre créanciers, ayant tous «l'engagement solidaire ou le cautionnement de la femme d'un débi-«teur, il n'y a jamais lieu d'établir, suivant la date de leurs titres res-«pectifs, aucun droit de préference ou d'antériorité; mais qu'il est cer-«tain en même temps qu'une femme, après avoir cautionné son mari, ce «qui n'est de sa part qu'un engagement personnel, lequel lui laisse «d'ailleurs la libre disposition de tous ses biens et de tous ses droits, en «quoi qu'ils puissent consister, peut ensuite subroger valablement «tout autre créancier à son hypothèque légale ou y renoncer en sa «faveur, ce qui est de la part de la femme une véritable aliénation du «droit d'hypothèque qui lui appartient, et qu'alors le créancier qui a «obtenu une telle renonciation, doit être préféré sans difficulté, quand «il s'agit de distribuer les deniers dotaux de la femme à des créanciers

1. Amiens, 11 août 1839. Sirey, 40, 2, 305.

2. Grenier, t. Ier, nº 257. Troplong, t. II, nº 606. Cour de Paris, 15 janvier 1813. Dalloz, 24, 2, 86.

« antérieurs, en faveur de qui elle n'aurait consenti qu'un simple cau« tionnement, un engagement personnel. »

Quel est l'effet de la subrogation expresse, consentie au profit de l'acquéreur des biens soumis à l'hypothèque légale ?

D'abord l'acquéreur pourrait se passer du concours de la femme à la vente, en remplissant les formalités prescrites par les art. 2193 et 2194 du Code Napoléon. Si, au contraire, ce concours existe, l'acquéreur profite du bénéfice de la subrogation, et doit être préféré d'après les principes émis plus haut aux subrogés postérieurs. Dans ce cas, il peut produire à l'ordre en exerçant les droits de la femme, et doit être colloqué en son lieu et place.

Cette doctrine, appliquée en outre au cas de renonciation *in favorem*, considérée comme valant subrogation tacite, a été adoptée par un arrêt de la Cour de Cassation, du 14 janvier 1817 [1].

Dans l'espèce de cet arrêt on objectait à l'acquéreur, qu'il ne pouvait toucher le montant de l'hypothèque légale de la femme, tant que celle-ci n'était pas séparée de biens; mais cette objection n'était nullement fondée, parceque, d'abord, il y avait faillite ou déconfiture du mari, et dans ces deux cas les créanciers peuvent, aux termes de l'art. 1446 du Code Napoléon, exercer les droits de leur débitrice, à concurrence du montant de leur créance.

En second lieu, nous croyons pouvoir soutenir, indépendamment de cette circonstance, que toutes les fois qu'il y a distribution du prix de vente des biens du mari, la femme peut se présenter à l'ordre pour être colloquée à son rang, sans qu'il y ait séparation de biens.

Il est bien vrai qu'en thèse générale, la femme ne peut exercer la répétition de sa dot ou de ses autres droits, sans qu'il y ait séparation; car ce serait faire un acte subversif de l'autorité maritale; mais il n'en est plus de même, si, par suite d'un fait étranger à la femme, elle se

1. Sirey, même année, 1, p. 146. Lyon, 15 mai 1847. Sirey, 48, 2, 230. Amiens, 19 décembre 1846. Sirey, 47, 2, 193.

voit dans la nécessité de mettre son hypothèque en action; elle n'agit plus alors que pour la conservation de ses droits, et rien ne l'empêche de prendre, durant le mariage, des mesures conservatoires.

Cela résulte implicitement du dernier alinéa de l'art. 2195 du Code Napoléon, qui défend à l'acquéreur des biens du mari de faire aucun paiement au mépris des droits de la femme, lorsqu'en cas de purge, il existe des inscriptions du chef de cette dernière, et alors, sans qu'il y ait déconfiture ou séparation, elle peut exiger sa collocation ou toucher le prix de vente à concurrence de ses droits d'hypothèque légale, sauf aux juges ou aux parties à prendre les précautions convenables pour assurer la conservation de la créance de la femme, jusqu'à l'époque où elle pourra en donner valablement quittance. Si un pareil droit appartient à la femme, il appartient sans doute aussi à ses créanciers ou représentants. S'il lui appartient au cas d'une vente volontaire faite par le mari, il lui appartient avec bien plus de raison lorsqu'il y a eu vente par expropriation forcée, parce qu'alors il y a en réalité déconfiture[1].

Le créancier subrogé pourra même se prévaloir de l'hypothèque légale appartenant à la femme à raison de l'indemnité des dettes contractées par elle avec son mari, sans qu'elle les ait acquittées, toutes les fois qu'il y aura déconfiture du mari. Ce droit résulte de l'art. 2032 du Code Napoléon pour la femme personnellement, et ses créanciers peuvent exercer les mêmes droits que leur débitrice. C'est ce qui a été jugé par un arrêt de la Cour de Cassation, section des requêtes, du 25 mars 1834 (Dalloz, 34, 1, 137).

Quel est l'effet de la subrogation ou de la renonciation *in favorem* consenties par la femme, relativement à la femme elle-même?

En s'obligeant conjointement et solidairement avec son mari, la femme consent implicitement à ce que les créanciers soient colloqués

1. Troplong, 610, 611, t. II. Grenier, t. Ier, n°s 123 et 259. Arrêt de la Cour de Cassation du 14 juillet 1821. Dall. Hyp., p. 140 et 141.

par préférence à elle sur le prix des immeubles hypothéqués à la sûreté des obligations; mais elle est toujours, en vertu de l'art. 1431 du Code Napoléon, réputée ne s'obliger que comme caution; la cession ou la subrogation qu'elle consent dans l'intérêt du mari, n'est en résultat, pas une renonciation absolue, qui lui est interdite, mais un transport en garantie ou une cession d'antériorité d'hypothèque, en vertu de laquelle les créanciers subrogés viennent primer leur codébitrice dans l'ordre ouvert sur le prix; elle n'en conserve pas moins le droit d'exercer le montant de ses droits, créances et reprises sur le surplus du prix ou sur les autres immeubles du mari. Si la subrogation consentie par la femme équivalait à une renonciation absolue à son hypothèque légale, il faudrait la déclarer nulle, en vertu de l'art. 2144 du Code Napoléon[1].

Il en est de même lorsque la femme est colloquée personnellement pour le montant de ses droits, créances et reprises, et que sa collocation a servi à payer en sous-ordre des créanciers inscrits de son mari, envers lesquels elle s'était obligée solidairement; mais dans ce cas elle se trouve en outre subrogée légalement dans l'effet de l'inscription de ces créanciers, en vertu de l'art. 1251, n° 3 du Code Napoléon, et doit obtenir sa collocation au rang de leur hypothèque conventionnelle sur les autres biens de son mari[2]. Au surplus, on a déjà fait observer que l'obligation solidaire contractée par une femme avec son mari donne lieu à son profit à une nouvelle hypothèque légale pour indemnité de dettes, hypothèque qui a pour rang la date de l'obligation.

Avant de quitter cette matière, nous parlerons d'une question qui a fait l'objet de deux arrêts, l'un de la Cour impériale d'Orléans, du 16 mars 1849 (aff. Picault), l'autre de la Cour de Cassation, du 30 avril suivant (aff. Bellavoine)[3].

1. Paris, 27 mai 1848. Sirey, 49, 2, 283. 3 décembre 1838. 21 août 1833. Sirey, 33, 2, 545.

2. Cassat. rej., 30 décembre 1844. Sirey, 45, 1, 367.

3. Sirey, 49, 2, 449, et 1, 465.

D'après ces arrêts, la subrogation n'est qu'un droit éventuel; en conséquence, la femme qui accepte la communauté, et qui y fait ainsi tomber ses apports, détruit par là l'effet de la cession qu'elle avait antérieurement consentie de ses droits et reprises à un tiers, avec subrogation dans le bénéfice de son hypothèque légale, le tiers ne peut plus dès lors exercer un droit de préférence, que la femme ne pourrait plus exercer elle-même.

De même, si les héritiers de la femme, qui sont en même temps ceux du mari, acceptent les deux successions, la réunion en leur personne des qualités de créanciers et de débiteurs opère une confusion qui ne permet plus au cessionnaire de l'hypothèque légale de la femme de s'en prévaloir, pour se faire colloquer à la date de cette hypothèque.

Nous ne saurions admettre la jurisprudence consacrée par ces arrêts.

Sans doute, la femme qui accepte la communauté ne peut faire valoir elle-même, à l'encontre des créanciers de la communauté dont elle devient l'obligée, les droits qu'il lui était permis de faire valoir en cas de renonciation. Les créanciers porteurs d'un simple engagement personnel de la femme ne pourraient pas plus qu'elle, en cas d'acceptation de la communauté, faire valoir des droits auxquels leur débitrice aurait renoncé, mais il n'en est pas de même de ceux à qui elle a transporté ses droits et reprises, en les subrogeant dans le bénéfice de son hypothèque légale. Elle ne peut leur ravir le gage qu'elle leur a conféré, ni disposer en renonçant d'une créance sur laquelle des tiers ont acquis des droits antérieurs. Admettre le système consacré par les arrêts cités plus haut, ce serait faire tomber dans la communauté des créances sorties depuis longtemps de la propriété des époux, au moyen d'une rétroactivité subversive des droits les plus respectables et les plus légitimement acquis.

Quant à la confusion qui résulte de l'acceptation par les héritiers communs du mari et de la femme de leurs successions respectives, elle ne peut nuire davantage aux créanciers subrogés dans l'effet de l'hypothèque légale de la femme, puisque la créance que l'on prétend s'éteindre ainsi n'existe plus dans la succession de la femme par suite de la cession qui en a été faite à des tiers.

C'est encore en considérant la subrogation comme un droit purement éventuel que la Cour impériale de Paris, après avoir décidé que la femme commune prélève sa part des biens de la communauté à titre de propriété et non à titre de créance, a jugé que le tiers-subrogé à l'hypothèque légale ne peut, à la dissolution du ménage, exercer son droit hypothécaire sur la part revenant à la femme dans un acquêt de la communauté, ce bien, copropriété de la femme dès son entrée en communauté, et repris par elle au même titre, n'ayant pu à aucune époque être grevé de l'hypothèque légale de la femme [1].

Cette décision aurait pu être fondée sur le motif beaucoup plus irréfutable que l'hypothèque légale ne frappe les conquêts de communauté qu'autant qu'il y a renonciation de la part de la femme, ce qui n'avait pas lieu dans l'espèce.

§ 3. *De la renonciation ou subrogation sous le régime dotal.*

Tout ce que nous venons de dire au sujet de la renonciation *in favorem*, ou de la subrogation consentie par la femme, ne s'applique pas à celles qui sont mariées sous le régime dotal; ici d'autres principes doivent recevoir leur application.

En Droit romain la femme pouvait valablement renoncer à son hypothèque légale en faveur d'un tiers. C'est ce qui résulte textuellement de la loi 21 au *C. ad senatus consult. vellejanum.*

«*Jubemus licere mulieribus et pro uno contractu vel certis contractibus, seu pro una vel certis personis seu rebus, juri hypothecarum sibi competenti per consensum proprium renunciare : quodque ita gestum sit, hac auctoritate nostra firmum illibatumque custodiri...*»

1. Arrêt du 31 mars 1853. Sirey, 53, 2, 337.

Mais tous les anciens interprêtes du Droit romain, notamment Bartole et le président Favre, sont unanimes pour circonscrire la faculté de la femme et pour la restreindre, quant à ses effets, au cas où il restait encore au mari assez de biens pour solder la dot. «*Nemo dubitat* (dit Favre, lib. VIII, tit. 15, dif. 3) *quin possit mulier etiam constante matri-«monio, pignoris obligationem sibi in hac aut illa re sive expresse sive tacite quæ-«sitam ultra remittere, si modo alia bona supersint marito ex quibus illa indemnita-«tem consequi possit.*»

La renonciation pouvait être expresse ou tacite; elle avait ce dernier caractère lors, par exemple, que la femme garantissait de l'éviction l'acquéreur d'un bien du mari, parce qu'alors l'action de la femme trouvait un obstacle insurmontable dans cette règle de tous les temps «*quem de evictione tenet actio eundem agentem repellit exceptio.*» C'est ce qui résulte de la loi 4, § 1er, Dig. «*quibus modis pignus*» ainsi conçue : «*Si in «venditione pignoris consenserit creditor vel ut debitor hanc rem permutet vel do-«net vel in dotem det, dicendum erit pignus liberari.*» La loi 11 du même titre est encore plus formelle et rentre davantage dans notre sujet: «*Lucius Titius cum esset uxori suæ Gajæ Sejæ debitor sub pignore sive hypotheca «prædiorum eadem prædia cum uxore sua (Seja) Septitiæ communis filiæ nomine «Sempronio marito ejus futuro in dotem dedit, postea defuncto Lucio Titio, filia «abstinuit se hereditate paterna; quæro an mater ejus hypothecam persequi pos-«sit? Paulus respondit, pignoris quidem obligationem prædiorum Gajam Sejam «quæ viro pro filia communi in dotem eadem danti consensit, cum communis «filiæ nomine darentur remisisse videri, obligationem autem personalem perseve-«rasse, sed adversus eam, quæ patris hereditate se abstinuit actionem non esse «dandam.*»

En Droit romain, la renonciation consentie par la femme dotale était donc permise et recevait son effet toutes les fois qu'il n'en résultait pas pour elle une occasion de ruine complète. Les auteurs modernes, au lieu de rester fidèles à ce système, dans lequel ils puisaient cependant leurs préceptes, frappèrent la renonciation de la femme mariée sous le régime dotal d'une nullité absolue, dans tous les cas, en la considérant comme une aliénation du fonds dotal [1]. Ces principes ont été admis par deux arrêts de la Cour de Cassation, du 28 juin 1810 et du 19 novembre 1833 [2].

L'opinion contraire, plus conforme au Droit romain, est suivie par M. Troplong (t. II, n° 601). Il admet la validité de la renonciation de la femme toutes les fois qu'elle ne lui porte pas préjudice, et il a été rendu en ce sens un arrêt de la Cour suprême le 20 avril 1826 [3].

Lorsqu'une femme mariée sous le régime dotal s'est réservée la faculté d'aliéner ses biens dotaux, elle peut consentir main-levée de son hypothèque sur les immeubles de son mari. En effet, l'art. 1557 contient une exception au principe de l'inaliénabilité du fonds dotal, établi par l'art. 1554, pour le cas où l'aliénation a été permise par le contrat de mariage [4].

Telle est l'opinion de M. Bertault (Traité de la subrogation à l'hypothèque légale de la femme mariée, n° 39, p. 90), mais il a été jugé par la Cour de Cassation (arrêt du 2 janvier 1837) [5] et par la Cour d'Amiens (arrêt du 19 avril de la même année) [6] dans le système qui tient la dot mobilière pour inaliénable, qu'il en est autrement dans le cas où la femme n'était autorisée qu'à aliéner ses immeubles; dans ce cas elle ne peut, en renonçant à son hypothèque légale, aliéner la dot mobilière [7].

1. Persil, t. Ier, Rég. hyp., p. 425. Rolland de Villargues, Rép. rég. dot., n° 144. Dalloz, Hyp. 148. Grenier, n° 14. Tessier, de la Dot, t. Ier, n° 63, lettre B.

2. Sirey, 10, 1, 34. Cass. 2 janvier 1837, 9 juin 1841, 26 mai 1836. Sirey, 36, 1, 775.

3. Sirey, 26, 1, 439.

4. Lyon, 16 mai 1832. Sirey, 33, 2, 625. Bordeaux, 16 août 1853. Sirey, 54, 2, 263.

5. Sirey, 37, 1, 97.

6. Idem, 37, 2, 397.

7. Voir dans ce sens un arrêt de la Cour de Cassation du 12 février 1851. Sirey, 53, 1, 729.

CHAPITRE VIII.

Restriction ou réduction de l'hypothèque légale de la femme.

Tout en accordant à la femme mariée la protection la plus large contre les abus d'autorité du mari ou les conséquences funestes d'une mauvaise administration de sa part, la loi a dû, afin de rentrer le plus possible dans le principe salutaire de la publicité et de la spécialité, laisser aux parties la faculté de restreindre l'hypothèque légale à de justes limites, elle a dû enfin donner aux maris le moyen d'alléger à leur égard le poids d'une garantie d'autant plus gênante, qu'elle frappe tous leurs biens présents et à venir.

Tel a été le but des articles que nous allons expliquer.

§ 1. *De la restriction consentie par contrat de mariage.*

Lorsque, dans le contrat de mariage, les parties majeures seront convenues qu'il ne sera pris inscription que sur un ou plusieurs immeubles du mari, les immeubles qui ne seront pas indiqués pour l'inscription resteront libres et affranchis de l'hypothèque pour la dot de la femme et pour ses reprises et conventions matrimoniales. Il ne pourra être convenu qu'il ne sera pris aucune inscription (art. 2140).

Il résulte d'abord avec évidence de la dernière disposition de notre article que la femme ne peut renoncer d'une manière absolue, même par contrat de mariage, à son hypothèque légale. Il en était déjà de même en Droit romain, où la renonciation de la femme ne pouvait porter préjudice à la répétition de sa dot, et dans l'ancien Droit français, où une renonciation illimitée n'était pas moins frappée d'une nullité radicale.

Par contre, la femme majeure peut consentir, par contrat de mariage, à ce que son hypothèque générale soit convertie en une hypothèque spéciale, et la restreindre par ce moyen aux immeubles nécessaires pour garantir la dot. Une pareille convention sans nul danger pour la femme, quand la fortune du mari est considérable, est trop avantageuse à ce dernier et à son crédit, pour que le législateur n'ait pas dû la permettre; mais il établit une exception aux art. 1039 et 1398 du Code Napoléon, en exigeant que les futurs époux soient majeurs pour convenir d'une restriction pareille. On a voulu éluder cette loi, mais son texte est trop formel pour qu'une autre interprétation soit possible, et les discussions qui ont eu lieu au Conseil d'État [1] prouvent bien que la lettre est ici conforme à l'esprit.

Il importe peu, d'ailleurs, que les dispositions de l'art. 2140 ne soient pas en harmonie avec celles des art. 1039 et 1398 précités, parce que la loi spéciale déroge toujours à la loi générale, et que l'on doit appliquer et non corriger la loi [2].

La clause de la restriction de l'hypothèque légale ne se présume d'ailleurs pas facilement et ne résulterait point, par exemple, de ce que la femme aurait stipulé une hypothèque spéciale sur un immeuble du mari, car l'hypothèque spéciale n'est pas censée déroger à l'hypothèque générale.

Elle ne doit pas non plus être interprétée au-delà de ses termes, de sorte que la restriction conventionnelle de l'hypothèque légale à la dot et au douaire n'emporte pas de plein droit affranchissement des biens du mari pour les autres reprises éventuelles de la femme [3].

Lorsque les futurs époux ont, aux termes de leur contrat de mariage, restreint l'hypothèque légale à certains immeubles déterminés, ils ne peuvent se réserver, en outre, la faculté de transporter

1. Confér. t. VII, p. 186 et suivantes.

2. C'est ce qui a été jugé par un arrêt de la Cour de Cassation du 19 juillet 1820. Sirey, 20, 1, 356, et des arrêts des Cours impériales de Caen du 15 juillet 1836. Sirey, 27, 2, 229. Lyon, 30 mai 1844. Sirey, 44, 2, 449. Grenoble, 25 août 1847. Sirey, v. 48, 2, 301. *Sic* Grenier, t. Ier, n° 269. Troplong, n° 637 *bis*. Duranton, t. XX, n° 56. Persil, Rég. hyp., art. 2140 et quest., n° 34.

3. Cour de Paris du 29 mai 1819. Sirey, 20, 2, 72.

cette hypothèque sur d'autres immeubles équivalents durant le mariage; une pareille clause est nulle, parce que les dispositions du Code relatives à la constitution de l'hypothèqne légale des femmes mariées, sont essentiellement d'ordre public et doivent dès lors recevoir une interprétation restrictive, surtout lorsqu'elles établissent une exception comme les art. 2140 et 2144 du Code Napoléon. Adopter une solution contraire, ce serait compromettre, d'une part, gravement les intérêts de la femme, puisque les immeubles sur lesquels l'hypothèque serait transférée pourraient ne pas lui offrir les mêmes sûretés, et, d'autre part, entraver le crédit du mari lui-même, puisqu'aucun de ses immeubles ne se trouverait de cette façon affranchi d'une manière définitive.

Mais la nullité de la clause relative à la faculté de transporter l'hypothèque n'influerait pas sur la validité de celle qui aurait prononcé la restriction «*utile per inutile non vitiatur.*»

Ces solutions importantes ont été consacrées par un arrêt de la Cour de Cassation, du 5 mai 1852[2], et par un arrêt de la Cour impériale de Lyon devant laquelle l'affaire a été renvoyée, du 26 janvier 1854.

§ 2. *De la restriction ou réduction pendant le mariage.*

Si la renonciaiion absolue de la femme par son contrat de mariage est prohibée par la loi, à plus forte raison doit-il en être ainsi d'une renonciation faite durant le mariage, alors que la femme est complétement soumise à l'influence du mari. Mais l'hypothèque légale peut être limitée, *constante matrimonio*, et convertie en hypothèque spéciale moyennant l'accomplissement de certaines formalités (art. 2144). La loi exige :

1° Le consentement de la femme;

2° L'avis des quatre plus proches parents de celle-ci réunis en assemblée de famille;

1. (Aff. Grandjean). Sirey, 52, 1, 289.

3° L'autorisation du tribunal qui ne peut rendre son jugement qu'après avoir entendu le procureur impérial.

Le consentement de la femme est tellement indispensable, que le mari ne pourrait obtenir en justice la réduction de l'hypothèque légale en offrant des garanties suffisantes. Il invoquerait en vain l'art. 2161, qui s'applique, il est vrai, à toute espèce d'hypothèque générale, et permet au débiteur d'obtenir la réduction d'une hypothèque de cette nature, lorsqu'elle frappe sur plus de domaines différents qu'il n'est nécessaire à la sûreté des créances garanties; mais cet article trouve son correctif dans l'art. 2144, qui exige le consentement de la femme et l'avis de quatre parents. Si la demande en réduction accordée au mari n'était pas faite de l'agrément de la femme, elle serait repoussée par une fin de non recevoir qui découle naturellement de la loi.

Comment concilier autrement les deux dispositions qui nous occupent, et, lorsqu'on leur trouve une explication simple et rationnelle, est-il permis de la rejeter en supposant que le législateur ait pu tomber dans une contradiction grossière. Si l'art. 2161 doit être appliqué sans correctif, l'art. 2144 est complétement inutile et doit être rayé du Code. Or, une pareille conséquence est inadmissible.

Le législateur, en accordant à la femme une hypothèque générale, a voulu protéger d'une manière suffisante sa dot, ses apports, ses créances et reprises, non-seulement dans le présent, mais encore dans l'avenir. Tel homme riche aujourd'hui peut aliéner ses immeubles avec le consentement de sa femme, ou lui faire contracter des engagements solidaires qui décuplent l'importance de l'action hypothécaire. Si, prévoyant de pareils dangers, elle s'oppose à une réduction de son hypothèque, sera-t-il équitable de l'y contraindre? Si cette hypothèque est pour elle un droit précieux, sera-t-il juste de l'y faire renoncer malgré elle? Cela serait contraire à tous les principes, car nul ne doit être contraint de renoncer à ses droits.

Que, si la femme était par suite de démence dans l'impossibilité

15

de consentir à une réduction, le mari pourrait toujours, en lui faisant nommer un tuteur à l'interdiction, obtenir de celui-ci, avec l'autorisation du conseil de famille, une adhésion préalable à une demande en réduction, dont le tribunal compétent deviendrait l'appréciateur souverain; mais, nous le répétons, le consentement de la femme ou de ses représentants légaux est indispensable.

Nous ne partageons donc nullement l'opinion des Cours impériales de Paris et de Nancy, qui ont adopté une solution contraire par deux arrêts, l'un du 16 juillet 1813[1], et l'autre du 26 avril 1825[2]; d'autant moins que la doctrine qui précède est celle de MM. Tarrible[3], Grenier[4], Troplong[5], Aubry et Rau[6], et qu'elle a été consacrée par la jurisprudence[7].

La femme mineure peut consentir à la réduction durant le mariage en se sonformant aux formes protectrices de la loi, dans cette hypothèse ses intérêts sont placés sous la surveillance du ministère public et des tribunaux, par suite il n'y a nul danger pour elle. C'est pourquoi l'art. 2144 n'a pas exigé qu'elle fut majeure comme dans l'hypothèse prévue par l'art. 2140[8].

La même décision est applicable à la femme dotale, puisque l'art. 2144 ne distingue pas. Seulement les juges et le procureur impérial devront montrer dans ce cas plus de sévérité pour l'admission de la demande, dans la crainte de favoriser une aliénation indirecte de la dot, aliénation qui est interdite par la loi, l'intérêt de la femme elle-même et de la famille devant toujours être pris en considération[9].

1. Sirey, 14, 2, 233.
2. Idem, 26, 2, 149.
3. Répert. Insc., p. 211, col. 2.
4. Hyp., t. Ier, no 270.
5. T. II, no 641.
6. T. II, p. 152.
7. Rouen, 27 avril 1844. Sirey, 44, 2, 315; 11 mars 1846 (aff. Lemarcis). Sirey, 46, 2, 503. Et Paris, 1er avril 1848. Sirey, 48, 2, 224; 31 mai 1851. Sirey, 51, 2, 357.
8. Persil, Rég. hypoth., art. 2144, no 4.
9. Cassat. rejet, 20 avril 1826. Sirey, 26, 1, 439.

Outre le consentement de la femme, il faut l'avis d'un conseil de famille, présidé par le juge de paix et composé, non d'après les termes des art. 407 et 409 du Code Napoléon, mais des quatre plus proches parents. Cette disposition est de rigueur, ainsi que le prouve la discussion qui a lieu au Conseil d'État lors de l'adoption de l'art 2144. Nous pensons toutefois que l'impossibilité de faire venir au conseil de famille l'un des plus proches parents à cause de son absence ou pour tout autre motif sérieux, devrait faire fléchir la rigueur de la loi et permettre d'appeler le parent le plus proche à défaut de celui qui serait empêché. On peut consulter dans ce sens un arrêt de la Cour de Grenoble, du 18 janvier 1833[1].

Mais la loi n'exige pas pour l'admission de la demande en réduction que l'avis de la famille y soit favorable. Le tribunal, qui pourrait rejeter la demande malgré le consentement de la femme, peut aussi l'admettre, malgré l'opposition des quatre plus proches parents[2].

La troisième condition pour parvenir à la réduction de l'hypothèque légale durant le mariage est donc le jugement conforme du tribunal de première instance.

Le contradicteur du mari dans la procédure ne peut être la femme, puisque son consentement est absolument nécessaire; la loi en a établi un autre par l'art. 2145 : c'est le procureur impérial protecteur né des droits de tous les incapables.

La mission du ministère publique est ici non de pure forme, mais d'un intérêt majeur; il doit s'entourer de renseignements précis et ne pas donner facilement son adhésion à une demande qui peut compromettre la fortune de la femme et de ses enfants. Il doit examiner si les formes légales ont été scrupuleusement observées, et même requérir, s'il le juge convenable, l'expertise des biens du mari, afin que le tribunal puisse, après avoir entendu les deux parties, se prononcer

1. Sirey, 33, 2, 457.

2. *Sic* Persil, art. 2144, n° 405. Dalloz, Hyp., p. 433 et 434. Troplong, n° 642 *bis*. Contra Tarrible, Insc. rép., § 3, n° 23.

en connaissance de cause, sans qu'il doive jamais tenir compte des garanties accessoires stipulées pour la conservation de la dot.

Ce n'est d'ailleurs pas un jugement d'homologation que doit rendre le tribunal, comme dans le cas des art. 458 et 467 du Code Napoléon; il prononce sur une instance contradictoire, ainsi que cela résulte d'un arrêt de la Cour de Cassation, du 3 juin 1834, rendu en matière de tutelle[1].

La demande doit toujours être rejetée lorsque l'hypothèque légale a été spécialisée par le contrat de mariage: cela résulte implicitement des art. 2143 et 2144 du Code Napoléon, bien que des tribunaux aient jugé le contraire.

Le ministère public peut-il interjeter appel du jugement qui a prononcé la réduction? oui, car il est partie principale dans l'instance; il est le contradicteur direct et unique du mari, et dès lors, ce dernier jouissant de la faculté de l'appel, il serait d'une inconséquence palbable de la refuser à son adversaire. C'est ce qui a été décidé par un arrêt de la Cour suprême, du 3 décembre 1844[2], qui a cassé un arrêt de la Cour de Rouen, du 13 décembre de l'année précédente. La même jurisprudence a été suivie par la Cour de Grenoble[3]. Mais le jugement devenu définitif, par l'expiration des délais courus après la signification, ne pourra pas être attaqué par la femme par voie de tierce opposition, car elle a donné son consentement, ses intérêts ont été défendus par le procureur impérial, et dès lors elle est soumise à l'autorité qui résulte de la chose jugée.

La réduction une fois prononcée, les biens affranchis deviennent libres entre les mains du mari, et les inscriptions qui seraient ou auraient été prises sur ces biens, doivent être rayées, ainsi que l'ordonne le dernier alinéa de l'art. 2145. La circonstance que les immeubles demeurés affectés se trouveraient plus tard insuffisants pour

1. Dalloz, 34, 1, 205.
2. Sirey, 45, 1, 14.
3. Sirey, 50, 2, 398.

le paiement des créances et reprises de la femme ne saurait faire revivre l'hypothèque au préjudice des droits acquis à des tiers; ce serait frauder le but de la loi que d'admettre une pareille doctrine et ouvrir la porte à tous les abus (arrêts de la Cour de Limoges, du 9 mars 1850[1] et de celle de Montpellier, du 17 décembre 1850)[2]. Ce dernier arrêt applique la même décision à une femme mariée sous le régime dotal, et c'est avec raison; les art. 2140 et 2144 ne font aucune distinction, et les principes relatifs à l'aliénation de la dot sont applicables au cas dont il s'agit. Mais l'hypothèque légale continue de subsister à son rang, et avec toutes ses prérogatives, sur les autres immeubles du mari, sans que la femme soit dans la nécessité d'en requérir l'inscription.

La réduction pourra-t-elle être contestée par un tiers-subrogé précédemment à l'hypothèque de la femme? S'il n'a pas fait inscrire cette hypothèque et mentionner la subrogation en marge, nous n'hésitons pas adopter la négative, toutes les fois que les biens sont sortis de la propriété du mari, parce que le tiers n'a qu'à s'imputer le préjudice qui résulte de sa propre négligence[3]. Nous ne suivons pas le même avis lorsque le mari est resté propriétaire des immeubles, et généralement dans tous les cas où d'autres personnes n'ont encore acquis aucun droit résultant de la restriction. Alors celle-ci ne peut être opposée aux créanciers-subrogés antérieurement, qui peuvent s'y opposer et même la faire révoquer, en tant qu'elle préjudicie à leurs droits[4].

Les formalités, prescrites par les art. 2144 et 2145, deviennent complétement inutiles, lorsque la femme renonce à son hypothèque non pas dans l'intérêt direct de son mari, mais en faveur d'un tiers qui se trouve subrogé à ses droits. Il faudra donc s'attacher à établir une distinction entre les deux renonciations, et se décider, d'après les circonstances, pour la validité ou la nullité de conventions pareilles. On

1. Sirey, 53, 2, 300.
2. Sirey, 52, 2, 664.
3. Troplong, n° 644 *ter*.
4. Arrêt de la Cour de Bordeaux, du 10 août 1853. Sirey, 54, 2, 98.

pourra en général prendre pour guide ce principe que la femme qui renonce dans l'intérêt d'un tiers, traite directement avec lui ou se dépouille de son rang pour l'en investir. Au contraire, lorsqu'elle renonce en faveur de son mari, elle éteint son hypothèque et ne la transporte pas.

L'art. 2131, qui autorise le créancier à demander un supplément d'hypothèque, lorsque les immeubles affectés ont péri ou éprouvé des dégradations telles qu'ils sont devenus insuffisants pour assurer la conservation de la dette; est-il applicable à l'hypothèque légale de la femme, restreinte par le contrat de mariage ou réduite pendant la durée de l'association conjugale? Ce point ne peut faire aucun doute: l'hypothèque légale doit jouir au moins des mêmes pérogatives que l'hypothèque conventionnelle; elle est beaucoup plus favorable, mais le supplément ne peut être obtenu qu'en justice et ne doit prendre date que du jour de l'inscription, à cause du préjudice que l'occultanéité pourrait dans ce cas porter à des tiers.

Cette question a été jugée par un arrêt de la Cour de Rouen, du 6 juillet 1845, inséré dans le Recueil des continuateurs de Sirey, MM. Devilleneuve et Carette (t. XL, 2, 537)[1].

Avant d'abondonner cette matière, nous devons examiner une question transitoire qui a reçu une solution affirmative d'un arrêt de la Cour de Nancy, du 26 avril 1825[2].

Une femme mariée sous l'empire de l'édit de 1771, qui empêchait que le créancier fut contraint de limiter son hypothèque générale, dans quelque cas que ce fût, a-t-elle pu être forcée par son mari à restreindre son hypothèque légale?

En supposant que le Code Napoléon permette un pareil abus d'autorité de la part du mari, ce qui est contraire à notre opinion, cela

1. On peut consulter dans le même sens Grenier, Hyp., n° 268. Delvincourt, t. III, p. 537. Édit de 1819. Duranton, t. XX, n° 59. Rolland de Villargues, Rép. du not. réduct. des hyp., n° 54. MM. Aubry et Rau, t. II, p. 124, note 19. Persil, sur l'art. 2140, n° 6.

2. Sirey, 26, 2, 249.

serait donner à la loi un effet rétroactif, puisque l'on priverait par là une femme d'un droit qui lui aurait été acquis par la loi de son mariage. Nous repoussons donc la doctrine adoptée par la Cour de Nancy, mais rien n'empêchera la femme mariée, avant le Code, de consentir dans les formes légales la restriction de son hypothèque. Il est hors de doute qu'elle ne puisse restreindre ses droits en profitant de la faculté que lui accorde à cet égard l'art. 2144, mais qu'on puisse l'y contraindre et lui enlever contre son gré un droit antérieurement acquis, c'est ce qu'il nous paraît impossible d'admettre[1].

Après la dissolution du mariage, la femme peut renoncer à son hypothèque d'une manière absolue, tellement qu'il a été jugé par la Cour d'Agen, le 15 janvier 1825[2], qu'une femme qui s'était désistée de son hypothèque légale sur des biens cédés en échange, avec stipulation qu'elle frapperait les immeubles reçus en contre échange, n'avait plus sur ces derniers immeubles qu'une hypothèque conventionnelle assujettie à la formalité de l'inscription. Cet arrêt est conforme aux vrais principes; après le mariage, l'hypothèque légale une fois éteinte, ne peut plus revivre nonobstant toute stipulation contraire, une convention étant impuissante à établir un droit de cette nature, qui ne peut résulter que de la loi elle-même.

§ 3. *De la radiation ou réduction des inscriptions d'hypothèque légale.*

La femme mariée pouvant, sans l'accomplissement d'aucune formalité, renoncer à son hypothèque légale en faveur des tiers, peut aussi, avec la seule autorisation de son mari, faire main-levée des inscriptions prises à son profit quand elles grèvent un immeuble aliéné, ou bien lorsqu'il s'agit, dans l'intérêt d'un tiers, de dégager un immeuble appartenant encore au mari. Ce point ne peut faire aucune diffi-

1. Grenier, t. Ier, n° 270. Troplong, t. II, n° 642. Chabot de l'Allier, Quest. trans. hyp., p. 31.

2. Sirey, 26, 2, 130.

culté, et les seules formes à observer sont celles qui sont édictées par les art. 2157 et 2158 pour la radiation d'une inscription quelconque. Un arrêt de la Cour de Cassation, du 12 février 1811, a cassé un arrêt de la Cour de Poitiers, du 10 août 1810, qui avait jugé le contraire en se fondant sur les art. 2144 et 2145 du Code.

Il n'en est plus de même lorsque la radiation est consentie dans l'intérêt exclusif du mari, alors le conservateur ne peut l'opérer que sur le dépôt d'un jugement rendu dans des termes des articles précités et devenu définitif par l'expiration des délais d'appel (art. 548, C. procéd. civ.).

Toutes les fois que les inscriptions prises par un créancier qui, d'après la loi, aurait droit d'en prendre sur les biens présents ou à venir de son débiteur sans limitation convenue, sont portées sur plus de domaines différents qu'il n'est nécessaire à la sûreté des créances, l'action en réduction des inscriptions ou en radiation d'une partie, en ce qui excède la portion convenable, est ouverte au débiteur. On y suit les règles de compétence établies par l'art. 2159 (art. 2151).

Nous avons déjà expliqué en partie cet article en le combinant avec les art. 2144 et 2145. Il est hors de doute qu'il ne concerne les hypothèques légales, de même que les hypothèques judiciaires, mais nous avons démontré qu'il ne peut être invoqué par le mari que du consentement de la femme, bien qu'il n'ait pas trait au fonds même du droit hypothécaire, mais à sa manifestation par l'inscription[1].

Admettre une opinion contraire, cela serait tomber dans une contradiction palpable. En effet, puisque l'hypothèque légale de la femme ne peut être réduite sans son agrément, elle continuerait de frapper tous les immeubles du mari, nonobstant la réduction de l'inscription qui n'aurait plus alors aucune utilité et amenerait une conséquence déplorable, celle d'induire les tiers en erreur sur l'étendue de l'hypothèque de la femme.

1. Arrêt de la Cour de Rouen, 3 février 1824. Sirey, 34, 2, 584.

Nous raisonnons dans l'hypothèse de la réduction d'une inscription qui frappe plus de domaines différents qu'il n'est nécessaire pour la sûreté de la créance; mais si l'inscription est excessive par l'évaluation d'une créance indéterminée, il n'en est plus de même; dans ce cas, le mari peut en obtenir la réduction sans la participation de la femme en s'adressant au tribunal compétent (art. 2156).

Quel est ce tribunal? Pour le désigner, il faut se référer aux principes généraux du droit. Or, l'action en main levée d'une inscription est réelle, puisque l'inscription suit la chose en quelque main qu'elle passe, sans aucune considération de la personne du débiteur. L'action qui tend à la faire rayer doit avoir le même caractère, et se porte devant le tribunal de la situation des biens dans le ressort duquel l'inscription a été prise (art. 2159); cette doctrine est toutefois sujette à plusieurs exceptions :

1° Quand la demande en radiation ou en réduction est l'accessoire d'une contestation préjudicielle relative à l'appréciation des titres de la créance, alors l'action devient personnelle et réelle, c'est-à-dire mixte, et peut être portée indifféremment devant le tribunal du domicile du défendeur ou de la situation des biens (art. 59, Code de procédure);

2° Lorsque l'inscription a eu lieu pour sûreté d'une condamnation éventuelle ou indéterminée sur l'exécution ou la liquidation de laquelle le débiteur et le créancier prétendu sont en instance ou doivent être jugés devant un autre tribunal, auquel la demande doit être portée ou renvoyée (art. 2159),

Enfin, 3° si le créancier et le débiteur ont, par une convention, désigné le tribunal qui connaîtrait de la demande, leur volonté doit être suivie (*ibidem*).

Quant à la forme de la demande en radiation ou en réduction, il faut distinguer si elle est principale ou incidente; dans le premier cas, elle s'intente dans la forme ordinaire par exploit fait à la personne ou au domicile élu dans l'inscription; au second cas, elle se poursuit par acte d'avoué à avoué, comme toutes les demandes de cette nature[1].

La radiation doit être ordonnée par le tribunal lorsque l'inscription a été faite sans être fondée ni sur la loi, ni sur un titre, ou lorsqu'elle l'a été en vertu d'un titre soit irrégulier, soit éteint ou soldé, ou lorsque les droits d'hypothèque sont éteints par les voies légales (art. 2160).

Pour ordonner la réduction ou la restriction des inscriptions, les tribunaux doivent se déterminer d'après les règles suivantes :

Lorsque les inscriptions frappent sur un seul immeuble ou domaine, elles ne peuvent être réduites, quelques minimes que soient les créances hypothécaires : cela résulte de la combinaison des articles 2161 et 2162[2].

Au contraire, elles sont réductibles, lorsque la valeur de l'un des immeubles hypothéqués ou de plusieurs d'entre eux excède de plus d'un tiers en fonds libres le montant de la créance en capital et accessoires (art. 2162).

Elles peuvent aussi être réduites tant sur les biens qu'elles frappent que relativement à leur importance, lorsque l'inscrivant a donné aux créances conditionnelles, éventuelles ou indéterminées, une évaluation non réglée par la convention et qui est excessive (art. 2163).

Pour décider s'il y a excès, le juge, qui en est arbitre souverain, doit prendre en considération les probabilités des chances et les présomptions de fait, de manière à concilier les droits vraisemblables du créancier avec l'intérêt du débiteur et de son crédit. Si l'événement porte les créances indéterminées à une somme plus forte que celle fixée par le juge, le débiteur pourra prendre de nouvelles inscriptions dont la date fixera le rang de l'hypothèque (art. 2164).

1. Pigeau, t. II, p. 426 et suivantes.

2. Tarrible, v. Radation, p. 593. Dalloz, Hyp. p. 435, n° 17. Troplong, n° 769.

Le mode de procéder à l'évaluation des biens est réglé par l'art. 2165. La voie de l'expertise ne peut être employée comme trop dispendieuse : on établit d'abord le revenu de l'immeuble, en prenant pour point de départ celui qui est déclaré par la matrice du rôle de la contribution foncière ou indiqué par la cote de contribution sur le rôle, selon la proportion qui existe dans les communes de la situation entre cette matrice ou cette cote et le revenu. Les juges peuvent, en outre, s'aider des éclaircissements que fournissent les baux, procès-verbaux d'estimation et autres titres pouvant faire connaître le véritable produit. Ils fixent le revenu à un taux moyen d'après ces diverses données. On obtient la valeur des immeubles en multipliant le revenu par les nombres dix ou quinze, selon que les biens à estimer sont sujets ou non à dépérissement. Lorsque la valeur d'un seul ou de quelques-uns des immeubles excède d'un tiers le montant des créances avec leurs accessoires, il y a lieu à réduction.

CHAPITRE IX.

Extinction de l'hypothèque légale.

L'ypothèque légale s'éteint:

1° Par l'extinction de l'obligation principale, de quelque manière qu'elle ait lieu, c'est-à-dire par le paiement, par la remise de la dette ou l'acceptation, par la compensation, la confusion ou la novation ;

2° Par la renonciation du créancier à l'hypothèque ;

3° Par l'accomplissement des formalités de la purge ;

4° Par la prescription ;

5° Par la résolution des droits du propriétaire;

6° Par la perte de la chose hypothéquée.

La première cause d'extinction de l'hypothèque légale est l'anéantissement de l'obligation principale. Elle est commune à tous les priviléges et à toutes les hypothèques qui, étant l'accessoire d'une obligation principale, doivent en suivre le sort. Que la dette soit éteinte par le paiement réel, par la remise qu'en fait le créancier, par la compensation, la confusion ou la novation opérée sans réserve, le résultat est le même. Nous n'entrerons pas dans les nombreux développements que comporte cette matière, ce serait sortir du sujet de cette thèse ; qu'il nous suffise de faire observer que la remise de la dette ne peut être faite par la femme durant le mariage : ce serait enfreindre la règle générale que l'un des conjoints ne peut s'enrichir aux dépens de l'autre.

Une seconde cause d'extinction de l'hypothèque est la renonciation du créancier. Nous l'avons examinée, en détail, en ce qui concerne la femme mariée, et pouvons nous dispenser de rentrer dans la question, de crainte de tomber dans des redites inutiles.

Il n'en est pas de même de la troisième cause, qui résulte de l'accomplissement des formalités requises pour purger les immeubles, à l'occasion de laquelle nous allons examiner des questions importantes et notamment celle de savoir si, le droit de suite étant éteint, le droit de préférence n'en subsiste pas moins, tant que la distribution du prix n'est pas accomplie.

Disons d'abord que les hypothèques légales inscrites sont soumises, en ce qui concerne la purge, aux mêmes formalités que les hypothèques ordinaires, c'est-à-dire à celles qui sont prescrites par les art. 2183 et suivants du C. Nap., auxquels nous nous référons pour cet objet.

Cela est juste, parceque les femmes et les mineurs, en prenant inscription avant la transcription ou dans le délai, se sont placés dans la position des créanciers ordinaires, et doivent être soumis dès lors au droit commun, dont il ne peut d'ailleurs résulter pour eux aucun préjudice. Les termes de l'art. 2193 du Code Napoléon: *Pourront les acquéreurs d'immeubles appartenant à des maris ou à des tuteurs lorsqu'il n'existera pas d'inscription,* etc, prouvent avec évidence que les art. 2183 et suivants sont applicables seuls, dans l'hypothèse dans laquelle nous raisonnons.

Il est encore un point constant, c'est que l'aliénation par elle-même ni la transcription de l'acte translatif sur le registre du conservateur ne purgent les privilèges et les hypothèques qui grèvent un immeuble[1].

La loi a établi des règles spéciales au mode de purger les hypothèques légales inscrites d'une part et de l'autre, les hypothèques légales dispensées d'inscription qui n'ont pas été soumises à cette formalité, lors donc que l'acquéreur a fait les notifications prescrites par l'art. 2183 y eût-il eu surenchère, adjudication de l'immeuble à la requête de l'un des créanciers, il ne peut encore payer son prix en toute sécurité s'il existe des hypothèques légales non inscrites.

Il est en outre dans le cas de purger ces dernières en suivant les formalités prescrites par les art. 2194 et 2195. La transcription n'est pas nécessaire pour cet objet; elle est remplacée par un autre mode de publicité par le dépôt fait au greffe du tribunal civil de la situation des biens, de la copie dûment collationnée du contrat translatif de propriété. Cette copie doit être complète et embrasser même, à peine de nullité, les pièces annexées à l'acte pour parfaire la désignation de l'immeuble, par exemple un plan[2].

Le dépôt est certifié par l'acquéreur au moyen d'un acte signifié par exploit d'huissier, tant à la femme qu'au procureur impérial près le tribunal de première instance qui est le gardien des intérêts de la femme, et spécialement chargé de veiller à la conservation de ses droits (art. 2138). Il est à noter que la signification doit être faite à la personne de la femme et non à la femme parlant au mari, lors même qu'ils habitent la même maison, c'est ce qu'a jugé la Cour de Paris par un arrêt du 25 février 1819[3]. Le procureur impérial est dans l'obligation de viser l'original de l'exploit conformément aux art. 69 et 1039 du Code de procédure civile.

1. Art. 2182. Code Nap. 834 et 835. Code de proc. civ.
2. Cour d'appel de Lyon, 19 novembre 1850 (aff. Dacereau). Sirey, v. 51, 2, 484.
3. Contra Rouen, 15 février 1828.

Lorsque la femme ou ses représentants ne sont pas connus, un autre mode de procéder est prescrit par un avis du Conseil d'État, du 9 mai 1807; la signification qui doit leur être faite est remplacée par les précautions suivantes :

Dans l'exploit notifié au procureur impérial, l'acquéreur déclare que ceux du chef duquel il pourrait être pris des inscriptions pour raison de leurs hypothèques légales n'étant pas connus, il fera publier les significations dans les formes prescrites par l'art. 683, ancien Code de procédure civile. S'il n'y avait pas de journal dans le département, il devrait se faire délivrer par le procureur impérial un certificat constatant qu'il n'en existe pas.

Si l'acquéreur connaissait la femme de son vendeur, ou celle de l'un des précédents propriétaires, dont il voudrait purger l'hypothèque légale, il arguerait en vain de son ignorance, lors-même qu'elles ne seraient pas nommées dans l'acte translatif de propriété, dans ce cas le défaut de signification à la personne de la femme ne pourrait être suppléé par les formalités établies par l'avis du Conseil d'État et le purgement serait nul, ainsi que l'ont jugé la Cour de Cassation, par un arrêt du 14 janvier 1817, et la Cour de Lyon par l'arrêt précité du 19 novembre 1850.

Un extrait du contrat translatif contenant les noms, prénoms, professions et domiciles des contractants, la désignation de la nature et de la situation des biens, le prix et les autres charges de la vente, doit être et rester affiché pendant deux mois dans l'auditoire du tribunal; pendant ce délai, les femmes, leurs maris, leurs parents et le procureur impérial sont recevables à requérir inscription sur les immeubles aliénés.

Le délai de deux mois court du jour de l'apposition de l'affiche (art. 2194), ou lorsque les femmes sont inconnues du jour de l'insertion faite en un journal du département ou enfin du jour de la délivrance du certificat du procureur impérial constatant qu'il n'en existe pas (avis du Conseil d'État, du 9 mai 1807).

L'inscription spéciale prise dans ce délai produit un effet rétroactif au jour du mariage.

Le même mode de purger les hypothèques légales dispensées d'inscription et non inscrites est applicable aux femmes veuves et à leurs héritiers et représentants, d'après un autre avis du Conseil d'État, du 5 mai 1812, sans qu'il y ait nécessité de fixer un délai particulier dans ces divers cas.

Pendant le délai de deux mois établi par l'art. 2194, les femmes ou leurs héritiers et représentants, ont la faculté de faire une surenchère du dixième sur le prix d'aliénation, et de requérir la mise aux enchères de l'immeuble, sans qu'il faille leur faire la notification prescrite par l'art. 2183. Ils sont, en effet, suffisamment avertis par le dépot de l'acte translatif, la signification qui en est faite, la publication dans un journal, quand elle doit avoir lieu et l'affiche dans la salle d'audience. Ils n'ont pas, outre le délai de deux mois, celui de quarante jours accordé aux créanciers ordinaires, c'est ce que prouve l'art. 775 du Code de procédure civile, qui porte, que l'ordre sera provoqué après l'expiration des trente jours qui suivent les délais prescrits par les art. 2185 et 2194 du Code Napoléon[1].

Si, pendant le cours des deux mois de l'exposition du contrat, il n'a pas été fait d'inscription du chef des femmes sur les immeubles vendus, ils passent à l'acquéreur sans aucune charge, à raison des droits, créances, reprises et conventions matrimoniales. En d'autres termes, toute action hypothécaire est éteinte contre le tiers-détenteur; il ne peut plus être troublé par la surenchère ou l'action en délaissement. Mais la femme ne peut-elle plus se présenter à l'ordre et exercer le droit de préférence à défaut du droit de suite?

Cette question est devenue le sujet d'une lutte mémorable, non encore terminée, entre la Cour de Cassation d'une part et la plupart des

1. Troplong, t. IV, n° 932. Tarrible, Rép. trans., p. 116. Col. 2. Grenier, t. II, p. 350. Grenoble, 27 décembre 1821. Sirey, 22, 2, 364.

Cours d'appel de l'autre. La Cour suprême a dénié ce droit à la femme par de nombreux arrêts[1].

Il existe dans le même sens divers arrêts de Cours d'appel[2].

Mais la plupart de ces dernières ont adopté l'opinion contraire par de nombreux arrêts, qu'il serait trop long d'énumérer[3]; la majorité des auteurs se sont prononcés dans le même sens[4].

Nous nous rangeons à cette dernière opinion.

L'hypothèque produit deux effets distincts qui s'exercent à des époques différentes et sur des objets différents ; l'un de ces effets est le droit de suite qui frappe sur l'immeuble affecté, et concerne plus spécialement le détenteur ; l'autre est le droit de préférence qui s'attache au prix, et règle les rapports des créanciers entr'eux.

Après l'accomplissement des formalités de la purge le droit de suite est éteint, c'est ce que prouve surabondamment l'art. 2195 du Code Napoléon, puisque les biens vendus passent à l'acquéreur sans aucune charge à raison de l'hypothèque de la femme ; le droit de préférence

1. 8 mai 1827. Sirey, 27, 1, 302 ; 11 août et 15 décembre 1819; t. XXIX, 1, 342, et t. XXX, 1, 66 ; 18 juillet 1831. Sirey, 31, 1, 301 ; 1er août 1837. Sirey, 37, 1, 662 ; 5 mai 1840. Sirey, 40, 1, 523 ; 11 mars 1851. Sirey, 51, 1, 320 ; et 23 février 1853. Chambres réunies, Sirey, 52, 1, 82.

2. Metz, 5 février 1823. Sirey, 25, 2, 34. Nîmes, 23 juillet 1827. Id., 33, 2, 273. Montpellier, 16 août 1827. Sirey, 28, 2, 87. Caen, 15 janvier 1829. Sirey, 29, 2, 234. Bordeaux, 28 mai 1830. Sirey, 30, 2, 246. Lyon, 21 décembre 1841. Sirey, 43, 2, 161. Grenoble, 8 juin 1842. Sirey, 43, 2, 161. Amiens, 10 juillet 1843. Sirey, 46, 2, 395. *Sic* Grenier, n° 290 (après avoir embrassé l'opinion contraire au n° 266). Duranton, nos 358 et 421 *bis*. Tessier, de la Dot, t. II, n° 150.

3. Caen, 22 juin 1816. Sirey, 25, 2, 32. Douai, 14 avril 1820. Sirey, 25, 2, 35. Metz, 16 juillet 1823. Colmar, 21 juin 1828. Sirey, 28, 2, 173. Grenoble, 31 août 1827. Sirey, 28, 2, 173. Montpellier, 12 janvier 1828. Sirey, 28, 2, 154. Paris, 15 juillet 1829. Sirey, 29, 2, 234. Nîmes, 12 février 1833. Sirey, 34, 2, 226. Angers, 3 avril 1835. Sirey, 35, 2, 226. Orléans, 2 mars 1836. Sirey, 36, 2, 412. Paris, 24 août 1840. Idem, 41, 1, 336. Nîmes, 3 août 1847 et 17 novembre 1847. Sirey.

4. MM. Persil, Rég. hyp. t. II, p. 80. Delvincourt, t. II, p. 606. Édit de 1819. Troplong, des Hyp. t. IV, n° 984. Aubry et Rau, t. II, § 295, note 10.

au contraire, qui repose sur le prix, continue à subsister. C'est ce qui résulte avec non moins d'évidence de l'art. 2198 du même Code. En effet, lorsque, dans un certificat sur transcription, le conservateur des hypothèques a omis une ou plusieurs des charges inscrites, l'immeuble vendu en demeure affranchi, sous la responsabilité du conservateur, entre les mains du nouveau propriétaire; mais l'omission ne peut point préjudicier au droit qui appartient au créancier de se faire colloquer suivant son rang, tant que le prix n'a pas été payé par l'acquéreur ou tant que l'ordre fait entre les créanciers n'a pas été homologué.

Ainsi, voilà un cas où le législateur distingue lui-même, d'une manière formelle, le droit de suite du droit de préférence; ces droits sont en conséquence différents, ils existent indépendamment l'un de l'autre. Et le droit que la loi reconnaît à des créanciers ordinaires, dont la responsabilité du conservateur, dont la garantie d'un cautionnement assurent le recours, on le refuserait à la femme mariée dont l'hypothèque est indépendante de toute inscription et a une date bien plus favorable, dont le rang est fixé non par l'accomplissement d'une formalité quelconque, mais par la loi protectrice des intérêts des familles ; n'est-ce pas retirer à la femme la faveur toute spéciale, que la loi lui accorde par l'art. 2135, juste au moment où elle lui est le plus nécessaire?

Le Code Napoléon, en instituant les formalités de la purge, a eu pour but de protéger le tiers-détenteur contre l'existence d'hypothèques occultes, et de lui permettre de se libérer de son prix en toute sécurité, après avoir mis les créanciers dispensés d'inscription en demeure de se faire connaître ou de faire valoir leurs droits. Les créanciers du vendeur n'ont, en aucune façon, besoin d'une protection pareille, puisqu'ils ont connu ou dû connaître l'hypothèque légale, quoique non inscrite de la femme, puisque l'existence de cette hypothèque antérieure à leur créance les a exposés dès le principe à un préjudice qu'ils ont pu prévoir en contractant, qui ne provient en rien du fait de la femme, mais qu'ils doivent imputer à leur propre imprudence. Si l'absence d'inscription ne fait aucun tort aux créanciers, il ne leur est pas permis de s'en prévaloir, ce serait donc sans la moindre utilité, ainsi que le disait M. Portalis, l'un des auteurs de la loi, en discutant les bases de l'art. 2135, et par suite d'une assimilation entièrement fausse, qu'on sacrifierait les droits des femmes et des mineurs et qu'on leur enlèverait un patrimoine dont la conservation importe à l'état.

Une des objections les plus graves que l'on fasse à l'opinion que nous venons d'émettre, c'est que le Code, s'il a prononcé la déchéance complète de l'hypothèque légale, sous le double rapport des droits de suite et de préférence, faute d'inscription dans le délai de la purge, n'aurait nullement innové à cet égard.

L'édit de juin 1771 obligeait par l'art. 6 les acquéreurs d'immeubles qui voulaient purger les hypothèques dont ils étaient grevés, à prendre des lettres de ratification. D'après l'art. 7, ces lettres purgeaient les hypothèques et priviléges à l'égard de tous les créanciers qui avaient négligé de faire opposition entre les mains du conservateur, et les acquéreurs des biens vendus en demeuraient propriétaires incommutables, sans être tenus des dettes des précédents propriétaires, en quelque sorte et sous quelque prétexte que ce fût. L'art. 17 portait :

« Toutes personnes, de quelque qualité qu'elles soient, même les « mineurs, les interdits, les gens de main morte, les femmes en puis« sance de mari, seront tenues de former opposition, sous peine de « déchéance de leurs hypothèques, sanf le recours, ainsi que de droit, « contre les tuteurs ou administrateurs qui auraient négligé de former « opposition. »

Enfin, l'art. 19, allant encore plus loin, détruisait le droit sur le prix ou le droit de préférence, de même que le droit de suite.

« Entre les créanciers opposants, les privilégiés seront les premiers «payés sur le prix desdites acquisitions, puis, les priviléges acquittés, «les hypothécaires seront colloqués suivant l'ordre et le rang de leurs «hypothèques, et s'il reste des deniers après l'entier paiement desdites «créances privilégiées et hypothécaires, la distribution s'en fera par «contribution entre les créanciers chirographaires opposants, par pré«férence aux créanciers privilégiés ou hypothécaires, qui auraient né«gligé de faire leurs oppositions.»

L'édit de 1771 n'était pas une innovation : déjà, par une ordonnance de mars 1673, ouvrage de Colbert, on avait imposé aux créanciers ayant hypothèque conventionnelle ou judiciaire, diverses obligations pour la conservation de leurs droits; déjà l'accomplissement des formalités prescrites était sanctionnée par une déchéance sous le régime des décrets volontaires. Quiconque ne faisait pas opposition aux décrets, perdait, outre le droit de suite, le droit de préférence sur le prix.

De ce que les art. 2193 et 2194 du Code Napoléon ont emprunté en partie les formalités établies par l'édit de 1771, ce qui n'est pas à révoquer en doute, on a conclu à une parité à peu près complète entre la législation de l'édit et la législation actuelle, on a trouvé la plus grande ressemblance entre les deux modes de manifester les hypothèques occultes, l'un, établi par le législateur de 1771, l'opposition au sceau des lettres de ratification, l'autre sanctionné par la loi moderne, l'inscription au bureau des hypothèques. Partant de là, de ce que le défaut d'opposition anéantissait le droit de suite, on a décidé que le défaut d'inscription devait produire un résultat analogue.

Mais d'abord, l'assimilation qu'on a voulu faire entre l'inscription et l'opposition au sceau des lettres de ratification est erronée : l'une n'est que la manifestation de l'hypothèque; elle conserve le droit, souvent elle en détermine le rang; l'autre était un acte d'exécution, elle équivalait à une saisie-arrêt sur le prix de vente entre les mains de l'acquéreur, et sous l'ancienne législation, sous l'empire des décrets volontaires dans lequel l'édit de 1771 a puisé ses dispositions, l'opposition établissait un droit de préférence au profit des opposants sur les non-opposants [1].

Quelle parité y a-t-il dès lors entre l'inscription, simple mesure conservatoire, et l'opposition, qui était à la fois une mesure conservatoire et un acte d'exécution établissant un droit de préférence, même entre des créanciers chirographaires. Il est donc clair que, sous ce rapport, l'argument que nous combattons pèche par sa base.

Et maintenant est-il nécessaire de prouver que les rédacteurs du Code n'ont pas voulu reproduire la législation de la loi de 1771 ; mais s'ils avaient voulu le faire, ils auraient prononcé la même déchéance, et s'ils ne l'ont pas fait, c'est qu'ils se sont écartés de cette législation rigoureuse, qui d'ailleurs, en ce qui concerne les femmes mariées, a été modifiée dès l'année suivante par une déclaration du 9 février 1772, tellement elle était antipathique avec l'ancien droit de la France coutumière.

Bien loin d'établir à l'égard des femmes mariées un système de rigueur, les rédacteurs du Code Napoléon mirent tous leurs soins à les protéger d'une manière efficace; ainsi ils écartèrent la nécessité absolue d'une inscription édictée par la loi du 11 brumaire an VII, et après une lutte remarquable qui eut lieu au sein du Conseil d'État, et à laquelle prirent part Portalis, Tronchet, Prémaneu, Cambacérès et le premier consul lui-même, ils restituèrent à l'hypothèque légale sa prérogative la plus importante : celle d'exister indépendamment de toute inscription.

Que s'il a fallu faire une exception à cette règle dans l'intérêt des tiers-acquéreurs qui se sont mis à l'abri de l'action hypothécaire de la femme, au moyen des formalités protectrices de la purge, il est logique, conforme au droit comme à la pensée du législateur, de restreindre cette exception dans de justes limites, et de ne pas l'étendre

1. Baujon, t. II, p. 751, n° 23. Pothier, Proc. civ., p. 302. Coutume d'Orléans, t. XX, art. 448, 449, art. 179. Coutume de Paris.

d'un cas à un autre, de ne pas en faire une arme à des créanciers, lorsqu'elle ne doit protéger que les tiers-détenteurs des immeubles aliénés.

Telle serait la conséquence de l'opinion contraire que la dispense d'inscription établie au profit de la femme lui serait inutile, alors qu'elle en aurait le plus besoin, et ce qui devrait être une faveur pour elle dégénérerait la plupart du temps en une source de ruine.

Examinons rapidement les autres objections que l'on oppose aux droits de la femme, et qui ont servi de base aux arrêts de la Cour de Cassation que nous avons indiqués plus haut.

Aux termes des art. 2193 et 2194 du Code Napoléon, dit-on d'abord, les hypothèques légales des femmes et des mineurs sont éteintes faute d'inscription dans le délai fixé par la loi, par suite tous les effets attachés à l'hypothèque sont éteints avec elle.

Nous avons trouvé dans l'art. 2198 l'exemple d'un cas où le droit de suite sur l'immeuble ayant disparu, le droit d'être colloqué sur le prix n'en subsiste pas moins au profit des créanciers. Ce n'est pas le seul fait analogue que l'on trouve écrit dans la loi.

Quand le privilége du trésor public sur un immeuble pour le recouvrement des frais de justice criminelle n'a pas été inscrit dans la quinzaine qui suit la transcription du contrat de vente de cet immeuble, celui-ci se trouve purgé, et le droit de suite est éteint. Malgré cela, le privilége n'en existe pas moins sur le prix qui représente et remplace la chose, pourvu qu'il soit inscrit dans le délai de deux mois, établi par la loi du 5 septembre 1807 (art. 3), pour la conservation de ce privilége.

Cette conséquence résulte par induction de l'art. 834 du Code de procédure civile, qui, dans la même hypothèse, a réservé formellement le droit du copartageant n'ayant requis inscription de son privilége qu'après la quinzaine de la transcription, mais dans le délai de soixante jours, à dater de l'acte de partage ou de licitation, conformément à l'art. 2109 du Code Napoléon.

L'on sait enfin que la vente des biens héréditaires purge de plein droit le privilége de séparation des patrimoines, qui n'existe sur les immeubles de la succession qu'autant qu'ils se trouvent en la possession de l'héritier (art. 880). Malgré cela, on s'accorde à reconnaître le droit de préférence, pourvu qu'il y ait inscription dans le délai de six mois, déterminé par l'art. 2111 [1].

Or, si l'on admet que le droit de préférence survit au droit de suite, lorsqu'il s'agit de priviléges que l'inscription seule peut rendre complets, comment refuser la même faveur à l'hypothèque légale qui, en vertu de l'art. 2135, existe par elle-même et sans l'accomplissement d'aucune formalité.

La distinction du double effet de l'hypothèque sur laquelle nous nous fondons se manifeste encore avec bien plus d'évidence dans la matière des priviléges sur les meubles, qui produisent le droit de préférence sans produire le droit de suite; d'où il est facile de conclure que cette distinction forme un principe général et non une rare exception créée par le législateur, ainsi qu'on a osé le soutenir dans plusieurs arrêts.

On reconnaîtra en conséquence avec la Cour de Cassation que la purge éteint le droit de suite sur l'immeuble, en vertu des art. 2193 et 2194; mais on laissera subsister le droit de préférence sur le prix aussi longtemps que la distribution ne sera pas un fait accompli.

Tel est le résultat des formalités prescrites par les art. 2183 et suivants du Code Napoléon; l'acquéreur, s'il n'a pas été requis de mise aux enchères, devient propriétaire incommutable; l'immeuble est libéré de tout privilége et de toute hypothèque, pourvu que le prix soit consigné, et alors, les créanciers, ayant perdu leurs droits sur la chose, le recouvrent sur sa valeur représentative, d'après leur rang fixé par l'inscription ou par la loi.

On tire un autre argument de l'art. 2166 du Code Napoléon, pour

1. Troplong, n° 327 *bis*, t. Ier.

soutenir que, lorsque l'immeuble sort des mains du débiteur pour passer dans celles d'un tiers, l'hypothèque légale des femmes et des mineurs doit être inscrite, et que ce n'est qu'à cette condition qu'elle peut prendre rang sur le prix; mais ici l'argument prouve trop. Que porte en effet l'art. 2166 :

«Les créanciers ayant privilége ou hypothèque inscrite sur un im-«meuble, le suivent, en quelques mains qu'il passe, pour être colloqués «et payés suivant l'ordre de leurs créances et inscriptions.»

Veut-on en conclure que l'hypothèque légale non inscrite ne suit pas l'immeuble entre les mains des tiers-détenteurs? Pourquoi, dès lors, les art. 2194 et 2195 ont-ils admis la nécessité de purger cette hypothèque? L'article invoqué est donc étranger à la matière.

C'est encore en vain que l'on a invoqué les art. 692, 752, 753 et 775 du Code de procédure civile.

L'art. 692 impose au créancier, poursuivant la saisie immobilière, l'obligation de notifier un exemplaire des placards imprimés aux créanciers inscrits. Peut-on en conclure que l'inscription de l'hypothèque légale doit être requise pendant le cours de la saisie? non, personne n'a osé le soutenir; la seule conséquence de l'article, c'est que le poursuivant est dispensé de faire aucune notification à la femme inscrite, ce qui ne résout pas la question.

Les art. 752, 753 et 775 disposent : le premier, qu'il sera annexé au procès-verbal d'ordre un extrait délivré par le conservateur de toutes les inscriptions existantes; le second, que sommation sera faite aux créanciers, aux domiciles élus par les inscriptions, de produire à l'ordre; et le troisième, qu'en cas d'aliénation autre que celle par expropriation, l'ordre ne pourra être provoqué s'il y a moins de trois créanciers inscrits.

Mais ces articles n'établissent que de simples formes de procédure et n'enlèvent pas à la femme le droit de suite, encore moins le droit de préférence. Ils ne lui défendent pas de produire spontanément; ils sont donc étrangers à la matière, pourquoi dès lors les invoquer?

L'argument le plus spécieux réside dans l'art. 2180 du Code Napoléon.

Les priviléges et les hypothèques, porte cet article, § 3, s'éteignent par l'accomplissement des formalités et conditions prescrites aux tiers-détenteurs pour purger les biens par eux acquis. Or, dit-on, comment une hypothèque éteinte peut-elle produire un droit quelconque: «*Quod nullum est nullum producit effectum.*»

Cette conséquence semble irréfutable au premier abord, mais nous avons démontré plus haut que la purge, de quelque manière qu'elle eût lieu, n'éteignait le droit des créanciers que sur la chose qu'elle le maintenait sur le prix; que pour tous les créanciers le droit de suite était éteint par la consignation ou par l'offre de paiement; que pour tous également il n'y avait plus qu'une ressource, celle de faire valoir les causes de préférence résultant de leur inscription ou de la loi sur la valeur représentative de l'immeuble; or, comment dénier ce droit aux uns et l'accorder aux autres, lorsque leur condition est devenue égale?

S'il existe encore des doutes sur l'intention du législateur, une dernière observation suffira pour les faire lever.

Lorsque l'on discutait au Conseil d'État les art. 2180 et suivants du Code Napoléon, M. Bigot de Préameneu, répondant à Cambacérès, qui se plaignait qu'on attribuait à la purge un effet trop étendu, disait: l'équivoque vient du mot purger; les hypothèques ne sont effacées que par le paiement véritable.

Le vrai sens de la loi est dans ces paroles, ainsi que l'a fait ressortir M. l'avocat-général Delangle dans les savantes conclusions qu'il a prises lors d'un arrêt de la Cour de Cassation, du 23 février 1852 [1].

Concluons donc que la femme a le droit de se présenter à la distribution du prix, malgré le défaut d'inscription sur la chose; mais ceci demande une explication. Si le prix est distribué, la femme n'est plus

1. Aff. Vidal, Sirey, 52, 1, 31.

recevable à inquiéter les créanciers qui ont touché le montant de leur prétention. Car, s'il y a eu un ordre et si la femme ne s'est pas présentée avant la clôture, elle est déchue en vertu de l'art. 759 du Code de procédure. S'il n'y a pas eu d'ordre, parce qu'il n'y avait que trois créanciers inscrits, l'acquéreur se trouve libéré, en payant ceux qui se sont fait connaître, car il ne l'a fait qu'après avoir mis la femme en demeure de se montrer. L'art. 2195 démontre la validité du paiement.

Lorsque la femme a pris inscription sur l'immeuble aliéné dans les deux mois de l'exposition du contrat, il peut arriver trois cas : ou elle est primée par des créanciers antérieurs et ne peut venir en ordre utile, alors l'acquéreur est libéré du prix en le payant à ces derniers, et les inscriptions du chef de la femme sont rayées, ou bien les créanciers antérieurs n'absorbent qu'une partie du prix, alors l'acquéreur n'est libéré que jusqu'à due concurrence, il est dû compte du surplus à la femme, ou bien celle-ci est la plus ancienne en rang, et alors, comme dans la seconde hypothèse, *l'acquéreur ne peut faire aucun paiement à son préjudice* (art. 2195).

Ces dernières expressions signifient non-seulement qu'il ne peut être fait aucun paiement aux autres créanciers au mépris des droits de la femme, mais que l'acquéreur ne peut se libérer valablement entre les mains du mari, sans quoi les précautions prises par la loi seraient inutiles, si le débiteur lui-même devait en profiter. La femme non-séparée de biens, n'ayant capacité de recevoir le prix qu'à la dissolution du mariage, il suit de là que l'acquéreur se trouve dans le cas ou de consigner ou de garder la somme par devers lui pour en servir les intérêts; rien n'empêcherait toutefois une autre combinaison, qu'on la trouvât dans un placement hypothécaire, ou même dans le versement des fonds entre les mains des créanciers postérieurs, à charge par eux de fournir caution pour la restitution des deniers, le cas échéant.

La Cour impériale d'Amiens, non contente d'établir une distinction équitable entre le droit de suite et le droit de préférence, a décidé, par deux arrêts, du 19 décembre 1846 et du 16 février 1854 [1], que la femme qui donne son concours à la vente d'un immeuble, conserve le bénéfice de son hypothèque sur le prix de vente, tant qu'il demeure entre les mains de l'acquéreur, *de telle sorte que le mari ne peut céder aucune portion de ce prix à des tiers au préjudice de la femme.* Nous admettons avec la Cour d'Amiens le droit qu'a la femme de venir à la distribution du prix, puisque la garantie qu'elle prête à la vente, n'emporte renonciation qu'au profit de l'acquéreur, mais de là à interdire au mari la faculté de céder le prix il y a loin; une pareille prohibition n'est inscrite nulle part dans la loi; par l'effet du transport, le cédant ne conserve plus aucun droit sur le prix, qui devient une propriété mobilière entre les mains du cessionnaire, et sur les meubles il n'existe aucun droit de suite par hypothèque.

Une question longuement controversée est celle de savoir si l'expropriation forcée suffit à elle seule pour purger un immeuble soumis à l'hypothèque légale, ou si l'adjudicataire est encore obligé de remplir les formalités prescrites par les art. 2194 et 2195 du Code Napoléon.

De tout temps il a été reconnu que la vente sur expropriation produit l'effet de la purge, la raison en est qu'une pareille vente se fait sous l'autorité de la justice, avec un grand appareil et une publicité complète: il doit donc en résulter une sécurité entière pour l'acquéreur : «*Fiscalis hastæ fides facile convelli non debet* [2].».

Aussi, en Droit romain, la question ne fait-elle aucun doute; la loi 6 au Code *de remissione pignoris* le prouve assez : «*Si eo tempore quo prædium distraheretur programmate admoniti creditores cum præsentes essent, jus suum executi non sunt, possunt videri obligationem pignoris amisisse.*»

Telle est l'opinion de nos anciens jurisconsultes [3]; elle est suivie

1. Sirey, t. XLVII, 2, 193, et 54, 2, 260.

2. Code, L. 8, de remissione pig.

3. Et notamment de Loyseau, Lib. 2, ch. 6, nº 26. Basnage, Hyp., ch. 17, p. 92. Pothier, Procédure civ., p. 262.

par la plupart des auteurs modernes[1], et a été consacrée par de nombreux arrêts de la Cour de Cassation et de plusieurs Cours d'appel.

L'opinion contraire, soutenue par Delvincourt[2] et Dalloz[3], a eu l'avantage de faire abandonner à la Cour suprême sa première jurisprudence, et compte aussi pour elle des arrêts de Cours impériales.

Nous avons dit que de tout temps l'expropriation purgeait les hypothèques même légales. Dans l'ancien Droit français le décret forcé produisait d'abord seul cet effet; il le produisait de plein droit. Plus tard, afin d'arriver au même résultat, en ce qui concerne les aliénations amiables, on eut recours à un décret volontaire, à un décret simulé copié sur le premier, qui devint ainsi l'origine de la procédure en purgement. Sous l'empire de la loi de brumaire an VII, qui soumettait toutes les hypothèques à l'inscription, le principe resta intact, de sorte que les rédacteurs du Code Napoléon le trouvèrent admis par toutes les législations antérieures, et durent y voir un principe généralement reconnu, et qu'il était inutile de formuler dans aucune loi.

Les chapitres 8 et 9 du titre des hypothèques du Code Napoléon, relatifs l'un à la purge des hypothèques inscrites, l'autre à celle des hypothèques légales dispensées d'inscription, sont deux chapitres parallèles destinés à produire le même effet, l'affranchissement des immeubles aliénés et la sécurité des acquéreurs. L'on reconnaît généralement que les formalités établies par le chapitre 8 n'ont trait qu'aux ventes sur aliénation volontaire. Ce qui le prouve, c'est que les art. 832 et suivants du Code de procédure civile, qui complètent les dispositions de ce chapitre, sont placés sous une rubrique intitulée *de la surenchère sur aliénation volontaire*.

Eh bien, le chapitre 9, qui est établi dans le même but que le cha-

1. MM. Grenier, t. II, p. 174. Tarrible, Insc., p. 215. Battur, Traité des priv. et hyp. t. II, n° 612. Persil, sur l'art. 2182, n° 21. Troplong, t. IV, n° 934. Aubry et Rau, t. II, p. 150, note 7.

2. T. III, p. 361, note.

3. Hyp., p. 388, n° 8.

pitre 8, qui doit produire les mêmes résultats à l'encontre des créanciers hypothécaires non inscrits, l'appliquera-t-on aux expropriations forcées lorsque le législateur ne le dit en aucune façon, lorsque les motifs et l'origine de ces dispositions démontrent la pensée contraire? Mais ce n'est là qu'un argument par induction, qu'une réflexion générale, dont on pourrait contester la justesse; il existe heureusement des textes positifs.

L'art. 749 du Code de procédure civile dit que, *dans le mois* de la signification du jugement d'adjudication, les créanciers et la partie saisie sont tenus de se régler entre eux sur la distribution du prix. Comment placer dans ce court délai des formalités aussi longues que celles prescrites par les art. 2193 et 2194 du Code Napoléon.

L'art. 775 porte qu'en cas d'aliénation *autre que celle par expropriation forcée* l'ordre ne pourra être provoqué, s'il n'y a plus de trois créanciers inscrits, et il sera, par le créancier le plus diligent ou l'acquéreur, après l'expiration des trente jours qui suivent les délais prescrits par les art. 2185 et 2194 du Code Napoléon.

Cet article est décisif, si on le combine avec les art. 749 et 750, on voit qu'en cas de vente volontaire l'ordre ne peut avoir lieu que dans les trente jours après les deux mois accordés aux femmes et aux mineurs pour prendre inscription; s'il s'agit d'adjudication sur saisie immobilière, l'ordre s'ouvre trente jours après la signification du jugement, parce qu'alors l'immeuble est entièrement purgé, et que le délai de deux mois établi par l'art. 2194 est devenu complétement inutile.

Au surplus, pour être convaincu de cette vérité que l'expropriation forcée purge l'immeuble, on n'a qu'à lire les premiers arrêts que la Cour de Cassation a prononcés dans ce sens, ils renferment à cet égard une argumentation victorieuse[1].

1. *Sic* MM. Aubry et Rau, t. II, p. 150, note 7. Grenier, t. II, 409. Persil, sur l'art. 2182, n° 31. Battur, II, 457. Troplong, IV, 996. Cassat. rejet, 21 novembre 1821. Sirey, 22, 1, 214, et 30 août 1825. Sirey, 26, 1, 65. Caen, 22 mars 1825. Sirey, 26, 2, 101. Cassat.

Mais si l'expropriation produit cet effet, il n'en est pas de même des aliénations sur licitation des biens des mineurs ou autres faites avec l'accomplissement de quelques formalités judiciaires, parce que ces ventes n'en conservent pas moins le caractère de transactions volontaires, qu'elles ne sont pas soumises à toutes les formes des aliénations sur saisies immobilières, et que notamment on ne fait pas aux créanciers la notification prescrite par l'art. 692 du Code de procédure civile. Or, le défaut de cette notification empêcherait la purge d'avoir lieu même en cas d'expropriation [1].

Il est encore un cas d'aliénation où l'accomplissement des formalités prescrites par les art. 2193 et 2194 du Code Napoléon est complétement inutile : c'est en matière d'expropriation pour cause d'utilité publique, en vertu de l'art. 17 de la loi du 3 mai 1841. Aux termes de cet article, les hypothèques conventionnelles, judiciaires ou légales, et les priviléges doivent être inscrits dans la quinzaine de la transcription du jugement. A défaut d'inscription dans ce délai, l'immeuble exproprié est affranchi de tous priviléges et hypothèques quelconques, sans préjudice des droits des femmes, des mineurs et des interdits, sur le montant de l'indemnité, tant qu'elle n'a pas été payée ou que l'ordre n'a pas été réglé définitivement entre les créanciers. C'est encore là un exemple de la distinction établie par le législateur entre le droit de suite et le droit de préférence, c'est un argument de plus à faire valoir en faveur de la thèse que nous avons soutenue plus haut.

Avant d'abandonner ce sujet, il nous reste à examiner une autre question, celle de savoir si, hors le cas de purge, l'hypothèque légale doit être inscrite pour suivre l'immeuble aliéné dans les mains du

11 août 1829. Sirey, 29, 1, 242. Montpellier, 19 mai 1824. Sirey, 24, 2, 353. Contra Cassat. rej. 22 juin 1833. Sirey, 33, 1, 449. Cassat., 27 avril 1833. Sirey, 23, 1, 742. Id. 30 juillet 1834. Sirey, 34, 1, 625. Cass. rejet, 26 mai 1836. Sirey, 36, 1, 775. C. Cassat. 18 décembre 1839. Sirey, 40, 1, 137. Rejet, 27 mars 1844. Sirey, 45, 1, 20. Pau, 30 juin 1830. Sirey, 31, 2, 103.

1. Tarrible, Saisie immob., § 6, art. 1er, no 15. Troplong, t. IV, no 907.

2. Dalloz, v. 29, 1, 331.

tiers-détenteur; la Cour de Cassation a jugé l'affirmative par un arrêt du 12 août 1829[1]. Elle pense que, si l'hypothèque légale est dispensée d'inscription tant que les biens qu'elle grève restent entre les mains du débiteur originaire, il n'en est plus de même quand ils appartiennent à un tiers-détenteur, et qu'alors le droit de suite ne s'exerce qu'à la charge d'une inscription. Une seule chose nous étonne, c'est que l'on ait jamais pu faire naître une pareille difficulté.

On se fonde sur l'art. 2166 du Code Napoléon, mais cet article n'est évidemment pas applicable aux hypothèques légales des femmes mariées, des mineurs et des interdits, puisque l'art. 2193 établit pour les acquéreurs la faculté de purger les hypothèques non inscrites; s'il faut purger ces hypothèques, malgré le défaut d'inscription qui est inhérent à leur nature, c'est qu'elles ont suivi l'immeuble[2]. Lors de la rédaction de l'art. 2166, la pensée du législateur était que l'hypothèque ou le privilége devaient être inscrits au moment de l'aliénation: sans quoi l'immeuble restait, par un effet immédiat, affranchi entre les mains de l'acquéreur; en d'autres termes, on supposait que l'aliénation aurait pour effet de purger l'immeuble des priviléges et des hypothèques non rendus publics. Les art. 834 et 835 du Code de procédure civile sont venus modifier cet ordre de choses, en permettant aux créanciers de prendre une inscription utile jusqu'à l'expiration de la quinzaine suivant la transcription du contrat translatif de propriété sur les registres du conservateur des hypothèques. Nous pensons que l'art. 2166, même dans sa rigueur primitive, ne s'étendait qu'aux hypothèques conventionnelles ou judiciaires : à plus forte raison a-t-il dû en être de même après sa modification par le Code de procédure civile, dont l'art. 834 ne parle d'une *manière explicite* que des créanciers ayant une hypothèque, en vertu des art. 2123, 2127 et 2128 du Code Napoléon, relatifs aux seules hypothèques judiciaires ou conventionnelles.

1. *Sic* MM. Aubry et Rau, t. II, p. 150. Persil, sur l'art. 146. Paris, le 20 juillet 1833. Sirey, v. 33, 2, 395.

Si le droit de suite existe, il doit produire tous ses effets; sinon, il faut le repousser complétement : un système intermédiaire est inadmissible. On ne voit d'ailleurs pas pourquoi, avant d'agir en délaissement, le créancier serait obligé de prendre une inscription qui, n'étant d'aucune utilité dans l'intérêt du tiers-détenteur, averti de l'existence de l'hypothèque légale, se trouverait absolument sans objet[1]. Le tiers-détenteur pourra toujours arrêter les poursuites en purgeant; c'est là une faculté qui lui appartient dans tous les temps, puisqu'elle a pour effet d'affranchir l'immeuble; elle a aussi pour conséquence le paiement du prix aux créanciers qui viennent en rang utile. La purge produit donc le même résultat que l'action hypothécaire. Si le tiers préfère abandonner l'immeuble, il demeure également libéré du prix, pourvu qu'il ne soit d'ailleurs pas obligé personnellement au paiement de la dette.

Si, pour agir en délaissement, l'inscription préalable de l'hypothèque légale n'est pas indispensable, il n'en est pas ainsi de la surenchère, qui ne peut être faite que par le seul créancier dont le titre est inscrit. En effet, le droit de requérir la mise en adjudication publique de l'immeuble est établi par l'art. 2185 du Code Napoléon, et cet article exige formellement qu'il existe une inscription. Il ne se trouve pas dans le Code une disposition analogue au profit des hypothèques légales non inscrites, tandis que le droit de suite résulte formellement au profit de ces hypothèques des art. 2193 et 2194, et n'est d'ailleurs qu'une conséquence directe et immédiate de l'hypothèque légale.

S'il est procédé à un ordre ou si l'acquéreur se libère sans que les formalités prescrites par les deux art. 2193 et 2194 aient eu lieu, l'immeuble vendu n'est pas affranchi de l'hypothèque légale, et alors il se présente deux hypothèses : ou bien il a été fait une surenchère par l'un des créanciers inscrits, et alors il ne peut plus en être requis une nouvelle, aux termes de l'art. 838 du Code de procédure civile. Il

1. MM. Aubry et Rau, loc. cit.

n'existe plus au profit de la femme que le droit de suite et de préférence. Ou bien aucune surenchère n'a eu lieu, et alors la femme peut en faire une dans les deux mois de l'exposition du contrat translatif de propriété.

Cela nous amène à dire que la surenchère sur aliénation volontaire purge les hypothèques inscrites, et qu'elle forme un obstacle à la réquisition de mise aux enchères de la part des créanciers ayant une hypothèque légale inscrite ultérieurement.

Il faut en dire autant des surenchères qui ont lieu sur aliénation des biens immeubles des mineurs, des interdits, des immeubles des faillis, ou débiteurs ayant fait cession de biens, des biens dotaux (art. 1558), des biens dépendant des successions vacantes ou acceptées sous bénéfice d'inventaire, par suite de conversion de saisie immobilière ou de licitation, puisque l'art. 965 du Code de procédure interdit toute autre surenchère dans ces différents cas.

Mais, s'il n'a été fait aucune surmise dans les délais fixés par la loi, l'acquéreur ne peut se dispenser d'accomplir les formalités prescrites par les art. 2181 et suivants, 2193 et 2194 du Code Napoléon.

Et lors même, enfin, qu'il y a surenchère, la purge des hypothèques légales n'en reste pas moins indispensable pour faire cesser le droit de suite qui, ainsi que nous l'avons dit, appartient à ces sortes d'hypothèques indépendamment de toute inscription.

La quatrième cause d'extinction de l'hypothèque légale est la prescription.

On sait qu'en général l'hypothèque se prescrit par trente ans lorsque l'immeuble est resté entre les mains du débiteur, et par dix et vingt ans lorsqu'il appartient à un tiers qui a juste titre, bonne foi et dont le contrat a été soumis à la transcription. Mais la prescription ne peut courir pendant le mariage contre la femme mariée au profit de son mari, en vertu de l'art. 2253 du Code Napoléon, qui renferme à cet égard une disposition formelle. Elle ne peut courir davantage contre la femme au profit d'un tiers-détenteur qui a acheté du mari un immeuble grevé d'hypothèque légale. La disposition finale de l'art. 2256 y forme obstacle.

En effet, le tiers-détenteur évincé aurait son recours contre le mari et la prescription est suspendue pendant le mariage dans tous les cas où l'action de la femme réfléchirait contre le mari.

Ce n'est donc qu'à partir de la dissolution du mariage que la prescription de l'hypothèque légale peut commencer, et alors elle s'accomplit, comme pour toute autre hypothèque, ou rentre en un mot dans le droit commun.

Une cinquième cause d'extinction est la résolution du droit du propriétaire sur la chose hypothéquée.

Si l'exercice de la faculté de réméré de la part d'un tiers, ou un pacte commissoire, ou l'accomplissement de toute autre condition résolutoire viennent enlever au mari la propriété de l'immeuble, celui-ci est immédiatement et de plein droit affranchi de l'hypothèque légale de la femme en vertu de la règle : *Resoluto jure dantis resolvitur jus accipientis.* Les art. 952 et 1054 du Code Napoléon peuvent être considérés comme formant une exception à cette règle en faveur de l'hypothèque légale de la femme mariée.

La perte de la chose hypothéquée offre une sixième cause d'extinction des hypothèques. C'est ce que portait déjà la loi 8 du Digeste : *quibus modis pignus: sicut res corporali extincta ita et usufructu extincto pignus hypothecave perit.*» La transformation de la chose peut aussi éteindre l'hypothèque, lors, par exemple, que d'immobilière qu'elle était elle devient meuble, puisque les biens de cette dernière espèce ne peuvent être hypothéqués. Cela s'applique aux matériaux provenant de la démolition d'une maison ; mais si la maison était reconstruite, l'hypothèque la ressaisirait d'après la loi 29, § 2, *Dig. de pignoribus et hypothecis.* «*Domus pignori data exusta est eamque aream emit Lucius Titius et exstraxit, quæsitum est de jure pignoris? Paulus respondit pignoris persecutionem perseverare.*»

Nous n'entrerons pas dans de plus amples détails sur les causes d'extinction communes à toutes les hypothèques; qu'il nous suffise de les avoir indiquées pour ne pas sortir du cadre déjà trop étendu de cette thèse.

CHAPITRE X.

Des modifications apportées à la purge de l'hypothèque légale des femmes mariées dans l'intérêt des sociétés de crédit foncier.

L'on sait que l'institution des sociétés de crédit foncier a été autorisée et réglementée par un décret du 28 février 1852.

Ce décret est une preuve officielle de l'imperfection du régime adopté par les rédacteurs du Code Napoléon en matière d'hypothèque, puisqu'il considère l'organisation du crédit foncier sur une base solide comme impossible, en laissant notre législation hypothécaire intacte.

Aussi le décret du 28 février a-t-il apporté à ce régime une innovation importante, en permettant aux sociétés de crédit foncier de purger des hypothèques légales les immeubles affectés à leurs créances, ou, en d'autres termes, en accordant aux prêteurs une faculté qui jusqu'alors n'appartenait qu'aux acquéreurs seuls.

C'est là une mesure grave et qui peut faire prévoir la prochaine réalisation d'une réforme hypothécaire attendue avec impatience, étudiée depuis longtemps et dont la nécessité n'est plus contestée par personne. Les dispositions législatives qui ont placé une exception de faveur dans la loi et fait une brèche à l'admirable unité du Droit civil français, doivent donc être considérées comme purement transitoires. Nous ne devons pas moins en dire quelques mots, afin de compléter cette thèse, d'autant plus qu'elles ont non-seulement introduit le principe de la purge appliquée aux prêts, mais encore simplifié les formalités elles-mêmes.

«Nul prêt ne peut être réalisé, porte l'art. 8 du décret du 28 février, «qu'après l'accomplissement des formalités prescrites par le titre IV «du présent décret pour purger les hypothèques légales, sauf le cas «de subrogation par la femme à cette hypothèque. S'il survient une «inscription pendant les délais de la purge, l'acte conditionnel de «prêt est nul et non avenu.»

Tel est le principe; voici maintenant les détails :

Lorsque l'hypothèque légale est inscrite, la femme non mariée sous le régime dotal peut en donner main-levée au profit de la société de crédit foncier sans l'accomplissement d'aucune formalité. Si elle s'y refuse, l'acte conditionnel de prêt est nul (art. 9 et 20).

S'agit-il d'une hypothèque légale non inscrite, les formalités de purge deviennent nécessaires, mais elles diffèrent selon qu'il est question d'hypothèques légales connues ou d'hypothèques légales inconnues.

Dans la première hypothèse, ou la femme est présente au contrat de prêt, et alors le notaire l'avertit que, pour conserver vis-à-vis de la société le rang de son hypothèque légale, elle est tenue de la faire inscrire dans le délai de quinzaine; l'acte fait mention de cet avertissement sous peine de nullité (art. 19); ou bien elle n'est pas présente au contrat; dans ce cas, un extrait de l'acte, contenant le même avertissement, la date, les nom, prénoms, profession et domicile de l'emprunteur, la désignation de l'immeuble, ainsi que le montant du prêt, doit être signifié *à la personne* de la femme (art. 21). Lorsque l'extrait ne peut être remis à la femme en personne, la même signification est faite en outre au procureur impérial près le tribunal du lieu où l'immeuble est situé (art. 22), et un extrait de l'acte constitutif d'hypothèque est inséré, avec mention des significations dont il vient d'être parlé, dans l'un des journaux désignés pour les publications judiciaires. Quarante jours seulement après cette insertion, l'immeuble est purgé vis-à-vis de la société, s'il n'est pas survenu d'inscription d'hypothèques légales (art. 23).

Dans la seconde hypothèse, lorsque les hypothèques légales sont inconnues, la signification faite au procureur impérial et l'insertion dans le journal d'annonces judiciaires doivent suffire, aux termes des art. 22 et 23 du décret précité, pour opérer la purge, à défaut d'inscription, dans les quarante jours.

Mais ce décret laissait quelques lacunes, notamment en ce qui concerne l'hypothèque légale connue, pouvant exister au profit des héritiers d'une femme décédée ou de tous autres créanciers ayant une hypothèque semblable du chef des précédents propriétaires. Il ne s'occupait pas non plus des délais de distance.

La loi du 27 mai-10 juin 1853 a eu pour objet de faire disparaître ces lacunes et d'apporter quelques perfectionnements au système du décret. Elle substitue aux art. 19 à 25 sept nouveaux articles portant les mêmes numéros et destinés à former à la place des premiers tout le chapitre de la purge.

La loi du 10 juin établit également une distinction entre les modes de procéder au purgement, selon qu'il s'agit d'hypothèques légales connues ou d'hypothèques légales inconnues.

En ce qui concerne les premières, il faut signifier un extrait de l'acte conditionnel de prêt renfermant les énonciations indiquées ci-dessus, aux personnes ayant droit à l'hypothèque ou à leurs représentants, avec avertissement de la nécessité de faire inscrire l'hypothèque légale, pour conserver son rang vis-à-vis la société de crédit foncier, dans les quinze jours à partir de la signification, outre les délais ordinaires, qui sont d'un jour par trois myriamètres entre le lieu où la signification est faite et celui où l'inscription doit être prise (art. 19 et 20).

S'il s'agit d'une hypothèque légale existant au profit de précédents propriétaires, la signification doit être faite au mari et à la femme, si le mariage dure encore; à la femme seule, lorsqu'elle est devenue veuve, ou à tous les créanciers non inscrits ayant hypothèque légale de son chef; le mari n'étant pas l'emprunteur, il suffit que l'exploit soit signifié à domicile, mais il doit être laissé deux copies séparées (art. 21).

Quant à la purge des hypothèques légales qui grèvent les biens du chef de l'emprunteur, si le mariage est dissous, la signification est faite aux héritiers de la femme ou aux cessionnaires, et la purge s'opère de la manière qu'on vient d'indiquer, par l'expiration du délai de quinzaine, outre les distances.

En ce qui concerne la femme elle-même, lors même qu'elle assiste au contrat, la loi du 10 juin exige, outre l'avertissement du notaire, la signification de l'extrait mentionné plus haut, afin qu'elle ait au moins un titre avec lequel elle puisse prendre l'avis de ses parents et amis; l'extrait doit être signifié également au mari, pour lui rappeler le devoir que notre législation lui impose de prendre inscription de l'hypothèque légale de sa femme (art. 19).

La signification est faite à la personne de la femme si l'emprunteur est son mari et lorsqu'elle n'a pas assisté au contrat; elle est faite au domicile, sous quelque régime que le mariage ait été contracté, lorsque la femme a été présente à l'acte de prêt et qu'elle a reçu l'avertissement dont l'acte doit faire mention que pour conserver le rang de son hypothèque légale, elle est tenue de la faire inscrire dans les quinze jours, à dater de la signification, outre les délais de distance (art. 21).

La femme n'a-t-elle pas été présente au contrat, ou le notaire a-t-il négligé de lui donner l'avertissement, il est important de faire la signification à la personne, sans quoi, si elle n'a eu lieu qu'au domicile, les formalités nécessaires pour la purge des hypothèques légales, inconnues doivent être accomplies (art. 22).

En ce qui concerne ces dernières hypothèques, les formes pour les purger sont les mêmes dans tous les cas, sans qu'il faille distinguer si elles existent du chef de l'emprunteur ou du précédent propriétaire.

L'extrait de l'acte constitutif d'hypothèque est notifié au procureur impérial près *le tribunal de l'arrondissement du domicile de l'emprunteur,* et au procureur impérial près le tribunal de l'arrondissement dans lequel l'immeuble est situé. Cet extrait doit être inséré avec la mention des significations faites dans l'un des journaux désignés pour la publication des annonces judiciaires, dans l'arrondissement dans lequel l'immeuble est situé. — L'inscription doit être prise dans les quarante jours de cette insertion (art. 24).

La seule modification apportée sous ce rapport par la loi du 10 juin au texte primitif du décret consiste dans la signification à faire au procureur impérial de l'arrondissement du domicile de l'emprunteur. C'est là une bonne précaution, car c'est habituellement dans le lieu du domicile que les hypothèques légales ont pris naissance et peuvent être connues du ministère public.

La purge est opérée de plein droit par le défaut d'inscription dans les délais de quinzaine ou de quarante jours fixés par la loi selon les cas. Son effet est de conférer à la société de crédit foncier la priorité sur les hypothèques légales, mais elle ne profite pas aux tiers, qui demeurent soumis au droit commun établi par les art. 2193, 2194 et 2195 du Code Napoléon (art. 25).

Ajoutons pour terminer que la purge, déclarée obligatoire pour les sociétés de crédit foncier par l'art. 8 du décret du 28 février 1852, a été rendue purement facultative par l'art. 2 de la loi du 10 juin.

PROPOSITIONS.

DROIT ROMAIN.

1. La tradition de la femme est nécessaire pour l'existence du mariage.

2. Les mineurs de vingt-cinq ans ne reçoivent de curateur que sur leur demande.

Le passage du livre IV, t. 4, § 2, des Institutes de Justinien : *Sane uno casu qui possidet nihilominus actoris partes obtinet*, s'applique au cas où l'exception *justi dominii* est opposée à la revendication publicienne.

4. Une femme ingénue et honnête est présumée *uxor*; une femme de mauvaise vie est réputée unie par les liens du concubinat, le tout, à moins d'une preuve contraire, résultant d'un acte formel.

DROIT CIVIL FRANÇAIS.

1. La femme ne peut exercer ses reprises mobilières sur la communauté à laquelle elle a renoncé par préférence aux créanciers de la masse commune.

2. C'est à tort que la jurisprudence considère le bail emphytéotique moderne comme un droit immobilier.

3. La dot mobilière n'est pas inaliénable d'une manière absolue, mais en ce sens que la femme mariée ne peut subroger à l'hypothèque légale, qui en garantit la restitution.

DROIT CRIMINEL.

1. L'ivresse n'est pas une cause de justification.

2. La disposition de l'art. 365 du Code d'instruction criminelle, qui proscrit le cumul des peines, est applicable au cas de poursuites séparées et à toutes les juridictions.

DROIT PUBLIC.

1. Le droit des gens tire des traités, des usages constants, et du consentement tacite des nations une force obligatoire analogue à celle qui résulte d'une loi écrite.

2. C'est à l'autorité administrative seule, à l'exclusion des tribunaux, qu'il appartient, soit de fixer les limites des routes appartenant au domaine public, soit de déclarer si un terrain est une place publique faisant partie du domaine public communal.

Vu pour l'impression par le soussigné doyen président de l'acte public.

C. AUBRY.

Vu :

Le Recteur, AL. DONNÉ.

www.ingramcontent.com/pod-product-compliance
Ingram Content Group UK Ltd.
Pitfield, Milton Keynes, MK11 3LW, UK
UKHW021046230726
13926UKWH00004B/1673

9 782014 035032